土曜ナイトドラマ

おっさんずラブ

Ossan's Love

[公式ブック]

監修 テレビ朝日

文藝春秋

Contents

Place

Column

Lettering

Profiling

Cooking

Location

Cross Talk

Pixiv

Epilogue

Cast & Staff

Interview

Character

Relations

Feature

Love Tracks

Story

はるたんが…好きです！！！！！！

好きになるのに男も女も関係ない！

私、その部長さんを応援する

部長に、春田さんは守れません

田中 圭

—春田創一

たなか・けい◎ 1984 年東京都生まれ。2000 年デビュー。2003 年ドラマ「WATER BOYS」で注目を集める。以後、NHK 大河ドラマ「軍師 官兵衛」、映画「図書館戦争」など、ドラマ・映画・舞台など多方面で活躍。

「みんなが僕を愛してくれた自覚もあるし負けじと僕もみんなを愛した自信がある」

クランクアップして、しばらくわかりやすくロスっていました（笑）。まあ、さみしいですけどね。あまりにも楽しい環境で芝居をしていたので、平常運転に戻る感じというか、スーパーマリオでいうとスターがなくなっちゃったみたいな。共演した役者さんもスタッフさんもとても優秀で、すごくみんなが僕を愛してくれた自覚もあるし、負けじと僕もみんなを愛した自信があります。

単発ドラマの「おっさんずラブ」のお話をいただいたときは、誠実に演《や》らなきゃともちろん思ってはいましたが、やっぱり〝コメディ〟という認識が強かったんです。でも、連ドラが決まってからはスタンスが変わったし、変えなきゃいけないって思った。だから準備稿の段階から、貴島プロデューサーと瑠東監督と徹底的に話し合いました。春田がなぜ部長と牧に好かれるのか、どうして牧が1話の最後で突然キスしてくるのか、同棲するきっかけは何なのか、〝設定として決まっているから〟というのは絶対嫌で、〝人物の感情が動いたからそう行動する〟物語にして行きたいと。春田という役柄も、周りに流されていく優柔不断な性格だけれど、それでも愛されるキャラクターにしないといけない。そう考えたときに、今回はとにかく「みんなの芝居を絶対に受け切ろう」って決めました。

まず、（吉田）鋼太郎さんは絶対に仕掛けてくるから、それを全部受け切ろうと。（林）遣都とは今回が初共演なんですが、1話の、合コンで酔っ払った春田を牧がタクシーに乗せるシーンで、僕が想像以上に酔っぱらう春田をアドリブで演じたら、遣都は面白がりながらすぐ対応してくれて（笑）。そのあと二人で飲んだときに、正直に僕の思いをぶつけました。いい意味で台本を無視してほしい、その場で生まれた春田と牧の気持ちを嘘なく届けたいんだ、遣都には〝牧〟としてその場で生きてほしいんだ、と。遣都はそれでひとつスイッチを入れてくれたと思います。

「おっさんずラブ」というドラマにおいて、鋼太郎さんが〝笑い担当〟だとしたら、遣都は〝切なさ担当〟。「マジでこのドラマは遣都にかかってる！」って散々プレッシャーもかけました（笑）。僕も普段はアドリブをやる俳優じゃないんですけど、今回は〝春田〟として嘘なくその場にいたかった。撮影の最初のころはだーりお（内田理央）や（金子）大地にも、「俺、このセリフ、こう言っていい？」とか「こう演っていい？」

とか撮影前に伝えてました。そうするとみんな、春田がそう来るなら自分もこうセリフ変えないとかなー、なんて考えながら演じる。それが段々当たり前になって、逆に向こうからも仕掛けてくるようになった。そうやってその場で生まれた言葉や気持ちの応酬から、〝嘘のないシーン〟に限りなく近づいていく。監督も僕らも「本番になってみないと、どんな感情、どんなシーンになるのかわからない」という生きた感覚みたいなものが、回を重ねるごとに大きくなって…。それを、僕らが全幅の信頼をおく優秀なスタッフが、逃さずとらえて仕上げてくれた。そんな素敵な現場でした。

　春田は超鈍感なくせに、すごく素直に人の気持ちが入ってくるヤツ。7話のフラッシュモブのシーンでは、わけわかんないのに楽しそうに踊っちゃったり。「春田ほんとバカだな。そういうとこだぞ!」って(笑)。そんな春田の牧への気持ちは、ちょっとずつ何個かのギアがあって変わっていきます。春田はみんなの気持ちの中で始終揺れ動いていたけど、きっと、1話からもう牧のことが好きだったって思うんです。それは、今回の撮影の間に、僕が遣都を好きになったのと同じ。6話のちずを抱きしめるシーンでも、僕の中の春田の気持ちはずっと牧から動いてない。ちずの告白で、ちずの感情をくみ取って思わず抱きしめちゃうのが春田で、そこに理由はあんまり持っていない。で、その後の牧との別れのシーンでも、牧の気持ちがスッって入ってきちゃうから引き留められない。7話でも心配した部長が家に来るようになって、部長の気持ちがスッて入って同棲しちゃう。…なんかそういうヤツなんです。だけど、春田は愛されるだけじゃなくて、すごくすごく〝人〟を愛せる人間。気持ちが揺れてしまうのは、それが大きいんじゃないかなあと思います。

　7話の最後のシーン、実は、僕なりの挑戦があったんです。春田は、性別とか関係なく牧を愛していた。じゃあ気持ちが通じたその後に、二人が求め合うのは当然じゃないか?って思っていて。ラストにようやく「やっぱり牧のことが好きかも?」という話ならそれで終わりでいいんですけど、今回はそういうラストではなかった。だから、絶対1話の「巨根じゃダメですか?」を回収してやろうって思って(笑)。普段、打ち合わせもリハーサルも一切しない俺と遣都が相談して、普通にやったらカットされるだろうなーと思い、二人でこっそり流れを決めました。洗濯物を投げてじゃれ合ってたら、牧のをうっかり触っちゃった俺がビックリして止まって。で、牧がドヤ顔で俺を押し倒して「もう我慢しないって決めたんで」ってキスして来る。俺は、わざとキレた顔で突き放すんだけど、最後に「…んなわけねーだろっつーの」って言う。そのシーンをどうしても演りたくて。ドラマを見てくれていたみんなが思っているより、一段二段も、「春田と牧はちゃんと好き合っているんだよ」っていうことが、伝わっていたらいいなと思います。

天空不動産 東京第二営業所 社員

春田創一（33）

はるた・そういち

結婚願望はあるが、なんだかモテない。実家でぬくぬくと何不自由なく暮らしてきたが、母親に突如「自立しろ！」と出て行かれ途方に暮れる。一人では料理や洗濯はおろか、光熱費の支払い方もわからない、ぽんこつダメ男。本社から営業所に異動してきた後輩・牧の生活力に目を付け、うっかり同居を開始する。しかし突然、上司の黒澤、さらには牧にも「好きだ」と告白され、平穏な毎日が壊れはじめて…。ちなみに、好みのタイプはロリ巨乳女子。幼なじみのちずが気になるくせに、いま一歩踏み出せずにいる。

5月5日生まれ　牡牛座　O型　178cm
一人っ子

特徴 優柔不断、朝不機嫌、服脱ぎっぱなし、好き嫌い多い、靴そろえない、皿洗いしない、ちょっとそれ一口ちょうだいって言う、改札で引っかかる、方向音痴、うつぶせで寝る
資格 なし
趣味 ゾイド、昼寝、ゲーム
好きな食べ物 から揚げ
嫌いな食べ物 ピーマン
朝ごはん ごはん派だけど週1でパン
平均睡眠時間 6時間（休みの日は10時間寝たい）
好きな動物 犬
好きな色 青
苦手 一人で暗いところにいると寂しい
高校時代の部活 バスケットボール部
服装 スーツはブルー系が多い。走ることが多いのでストレッチ機能重視。服に頓着がなく何年も前に買った服を着続けている。スエットが落ち着く。

超絶鈍感でお人よし。運命の恋がしたい。

Interview

吉田鋼太郎

——黒澤武蔵

よしだ・こうたろう◎ 1959 年東京都生まれ。上智大シェイクスピア研究会公演「十二夜」で初舞台を踏む。97 年劇団 AUN を旗揚げ。以後、連続テレビ小説「花子とアン」、ドラマ「半沢直樹」など話題作にも多数出演。

「難しい役だと思ったけど、とにかく田中圭を愛していればよかった」

このドラマは本当に反響が大きくて、演じている僕たちがびっくりしているくらいです。最初、単発ドラマに出ることになったときは難しい役だなと思ったけれど、連ドラの1話を撮りはじめたら、「とにかく田中圭を愛していればいいんだ」ってわかって。あとは絶対に嘘がないように、テンションを高く持って演《や》ろうと決めました。

黒澤武蔵という人は、男気あふれる部長とはるたんに恋するヒロインの部長という二面性のある役柄。僕は、たとえば頼れる上司とか、ダンディで決断力がある男性とか、舞台のシェイクスピアものでは王様役なんかも多いから、威厳のある役はわりと得意だし、演りなれています。その演りなれている、いわゆる強面の部分を全開にすればするほど、ヒロイン役とのギャップが生まれる。ヒロイン役の部長を〝かわいい〟って感じてもらえているのだとしたら、それはそのギャップ効果なのかな。だから、部長の乙女な部分は、それほど頑張って演じた覚えがなくて。ちょっと声のトーンを変えるとか、上目遣いで見るとか、少し目をキラキラさせるとか…少女マンガのキャラクターみたいにね（笑）。あとは、いろんなステキな女優さんたちの演技が頭の中に残像として残っているので、それを引っ張り出して参考にしていました。もちろん史上最高にかわいくて大好きなオードリー・ヘップバーンの『ローマの休日』も。まあ、部長はヘップバーンには到底なれないし、なれるはずもないんですが（笑）。

それから、「傷だらけの天使」という昔のドラマがあります。最終回で石田太郎さんという俳優さんがバーのママの役を演じているんですが、実は石田さんはとても男らしくて、太くていい声をしている方。ママ役を演じるときは女性らしい声を作っているんだけど、男に変わると「てめえ、なめんじゃねえぞ、この野郎!!」なんて、野太い声で言い出すわけです。それを観たとき、僕は高校生だったんですけど、そのギャップがすっごく面白くて。二つの性別を一役で演じるって、なんて演じ甲斐のある役なんだろう、と。石田さんの演技も記憶の中に残っていて、なんとなく意識していたかもしれません。

今回、連ドラになって面白かったのは、蝶子（大塚寧々）さんが加わって、対はるたんだけではなく、対蝶子さんというパートができたことです。はるたんには「愛してる」というポジティブな気持ちで向き合うけれど、蝶子さんにはどこか申し訳ない分、部長も蝶子さん相手だと少し暗かったりする。だけど、暗いシーンを演じていることが、僕の中で「バランス」になるんです。ポジティブにただただ「はるたん、好き好き」だけだと、飽きはしないけれど、どうしても一本調子になってしまう。そこに変化をつけてくれるのが蝶子さんとのシーンでした。蝶子さんとは30年連れ添って離婚するというシリアスな状況だけど、寧々さんの本来持つ明るさに助けられて、ひょっとしたら現実でもああいう夫婦がいるんじゃないかって思えるリアリティが生まれましたよね。「おっさんずラブ」は基本的に明るくて、テンション高めのトーンのお話ですが、後半で物語をシリアスに振ることができたのは、こういうリアリティの積み重ねだと思います。

シリアスな部分では、遣都の功績もすごく大きい。遣都は普段はわりに無口で、静かに闘志を秘めているタイプなんですが、今回ほぼ全部のシーンが全開でしたね。あのひたむきさ！ 強敵っていうか、敵わないです。武蔵が「陽」だとすれば牧は「陰」な感じでしょうか。でも最終的にははるたんへの強い愛情をうまく表現していて…遣都はまた、凄い芝居を成し遂げたなと思いました。牧と部長で一回くらい殴り合いのケンカとかしてみたかったですね（笑）。

このドラマではアドリブもたくさん仕掛けました。7話ラストの屋上のシーンは、台本上でも僕の撮影シーンとしても最後だったので、何か仕掛けたいなぁって思って。で、ふと横を見ると武川がいる。二人ともおっさんだし、これもおっさんずラブだなって思って、そっと手を握ってみました(笑)。もちろん、二人が付き合うってことではないんです。〝傷の癒し合い〟みたいな。部長の想いは実らなかったけど、はるたんとの恋を明るく笑って終わりたいなって気持ちがあった。それならば、こういう展開もあるかなって思いました。眞島には手を握ることを伝えていませんでした。だから本番でいきなり手を握ったら、一瞬グッと構えたけど、すぐにやさしく見つめ返してくれました（笑）。あいつもすごい役者ですからね。

打ち上げのときにも言ったのですが、シリーズ化されている名作っていろいろあるでしょう。渥美清さんの『男はつらいよ』、高倉健さんの『昭和残侠伝』、それから、西田敏行さんの『学校』…。圭が演じた春田は、これらの作品に匹敵するくらいの当たり役だったし、ぜひシリーズ化して演ってもらいたいと思わざるをえないくらい、すごい芝居をしたと思います。あいつは本当に〝人に好かれるヤツ〟なんですよ。心がきれいで、気持ちがよくて、一生懸命な。そして芝居がたいへんうまい。当たり役でしたし、はるたんが乗り移っているみたいな、神がかった芝居をしたと思います。

スタッフを含めすばらしいメンバーだったから、シリーズになればいいなと思う反面、逆に僕じゃない誰かで部長を見てみたい、とも思います。でも、天空不動産に配属された新しいおっさん部長が、また春田を愛する人だった…、ってなると、なんだかそれも変な話か（笑）。

天空不動産 東京第二営業所 部長

黒澤武蔵（55）

くろさわ・むさし

厳しくも情に厚く、その男気あふれる姿勢はまさに“理想の上司”……だったが、なんと突然春田に告白。春田の隠し撮り写真を溜め込むことで、自分の恋心を抑えてきたが、とうとう砦が崩壊。「自分の気持ちに嘘はつけない！」と春田に猛烈アプローチをしはじめる。真摯に向き合いたいという熱い想いゆえ、ついには“熟年離婚”まで決意。会社では厳格なキャラを保っているが、春田の前ではつい“乙女ムサシ”が顔を出し、手作りキャラ弁をこしらえたり、可愛いスタンプを送ったり、キャッキャしてしまう。

6月13日生まれ　双子座　O型　174cm
兄が一人いる

特徴 仕事も恋もまっすぐ、とってもピュア
資格 宅地建物取引士　1級ファイナンシャル・プランニング技能士　運転免許
趣味 旅行、ショッピング
好きな食べ物 アクアパッツァ、とんかつ
嫌いな食べ物 らっきょう
朝ごはん 基本はパン派
平均睡眠時間 6時間
好きな動物 ペンギン
好きな色 赤
苦手 虫（特に蟬。ブーンッて急に飛ぶから）
高校時代の部活 剣道部
服装 上質なスリーピースに、遊び心のある赤やピンクなどの華やかなネクタイを合わせる、大人の色香が漂うスーツスタイル。イタリアブランドが好きで私服もダンディ。

隠そうとしても恋心がダダ漏れてしまう。

Interview

林遣都

――牧凌太

はやし・けんと◎1990年滋賀県生まれ。2007年、映画「バッテリー」で主演デビュー。日本アカデミー賞ほか数多くの新人賞を受賞。連続テレビ小説「べっぴんさん」、ドラマ「火花」、映画「パレード」、「荒川アンダー ザ ブリッジ」、「悪の教典」、「しゃぼん玉」、「チェリーボーイズ」、舞台「家族の基礎」、「子供の事情」、「ローゼンクランツとギルデンスターンは死んだ」など、多方面で活躍。

「恋する衝動だったり、切なさやつらさも しっかりと表現したかった」

はじめにお話をいただいたのは昨年の秋くらいで、田中圭さんを吉田鋼太郎さんと取り合う役、と聞いただけでもう楽しみで、ぜひやりたいという気持ちでした。単発ドラマを見たら、すごく面白いのはもちろん、映像から役者さんやスタッフのエネルギーがすごく伝わってきて、いったいどんな現場なんだろう?と。撮影がはじまってすぐ、座長の圭くんを中心に役者もスタッフもみんな同じところに向かって全力なんだというのがわかりました。大勢の熱意が集まった現場で、「この期間は自分にとっていい時間になる」と確信しました。

1、2話には単発ドラマと同じシチュエーションがあったりして少し戸惑うところもあったんですが、春田さんとの関係性など設定は大きく変わっているし、前回のことは気にせず脚本を読んだまま、ゼロから作っていきました。どのジャンルの作品でもそうなんですが、僕はなるべく自分のできる限界まで〝想像〟でお芝居をしないようにしています。牧を「たぶんこうだろう」という想像で演じるのではなく、自分の中に実感のベースをきちんと作らないとって思って、同性愛者の友人にいろいろ話を聞きました。今回はこういう設定で、こういう生き方をしているんだけど…という話もして、そこでヒントをもらって自分の中に牧のベースを作りました。クランクイン前に圭くんと飲んだときにその話をしたら、「じゃあ、あとは現場で感じることを大事に、役者同士アクションを起こしてぶつけ合おう」となって。お互いの生の気持ちを感じ合いながら、その空気がしっかり映像に出るような作品にしていこうと確認しました。現場で圭くんはずっと春田さんで、鋼太郎さんは部長で。そのアクションで、僕は牧の気持ちでリアクションすることができました。

もう一つ、圭くんと話したことがあって。この作品はコメディ要素が強いですが、人を好きになるということの切なさ、つらい部分が大事に描かれていて、僕たちもそこを大切にして、観てくださる方に届けられるよう作っていこうということを約束しました。

5話で武川さんとの過去の恋愛の話が出てきたときに、自分の中にある牧のベースがピタッとはまった感じがありました。眞島さんとは、お互いの過去を知っているという役どころだったので、「出会いの雰囲気や、恋をした瞬間の衝動などもしっかり出していこう」という話もして、裏設定を考えたりもしました。

僕のやるべきことは、演じる人物が実在するように見せることで、6話の最後のシーンでみなさんが牧のために泣いたり応援したりしてくださったと聞いて、やってきたことは間違いじゃないと思えたことは嬉しかったです。ふだんなら一週間くらい前から考え込んじゃうような重いシーンですが、今回は圭くんを見ていたら勝手に自分の気持ちが引き出されるというのもあって、不安はなかったです。Ｙｕｋｉ監督には撮影の前日からお心遣いをいただき、そして当日、本当に素敵な演出をしてくださいました。またそれに全力で応じてくださるスタッフのみなさんもいました。だからもう何も怖いものはなくて、ただ圭くんと感情をぶつけ合うことで生まれたのがあのシーンです。僕の中でも特別です。

あのあと一年間の牧の気持ちは…相手がちずちゃんじゃなくて部長だったことも、「春田さんの選んだ人ならそれでいい」だったんじゃないかと思っています。部長といることで笑顔を取り戻して仕事が1ＵＰしたのなら、自分の出る幕はない。自分だったら「巻き込んでしまう」と思うのに、自分以外の人と幸せになる春田さんのことは、見守ってしまうのが牧なんです。もともと牧は、春田さんが周りの人を愛し、みんなから愛されているところを好きになったと思うんです。多少は一目ぼれのようなところがあったかもしれないけど、目の前の人すべてを大切にしようとする姿勢とか優しさに惹かれて、だんだん思いが膨らんでいった。「付き合ってください」と告白したときはマックス好きで、一方で後ろめたさも募りはじめて、身を引いたんだと思います。

最後の最後に春田さんが牧のところに来て「好きだ」と叫び、牧もそれを受け入れられたというのは、「生き方や考え方はそれぞれ違うけど、二人は〝人〟としてお互いを好きになって、すべてを受け入れられる関係性になった」ということなんだと僕は思っています。だからその先どうなったかということは、僕は想像できなくて…。上海にいる春田さんの健康と安全を願って待つ？　でも流れ的に春田さんがとんでもない目にあって泣いて電話してきて、助けに行く…とか(笑)。あまり思いつかないです。

日を追うごとに少しずつ、ああ終わったんだなと実感しています。毎日、濃密で充実した時間を一緒に過ごした仲間たちが、またそれぞれ違う場所に向かう。ドラマというのは毎回その連続なんですけど、やっぱりさみしいです。今回は、圭くんと役者として大切にしている部分が合って、僕らがそこを信じて真剣にやればやるほど、観ている人にも届くのだと感じました。自分のキャリアの中でも大切に残り続ける作品だと思います。

天空不動産 東京第二営業所 社員

牧 凌太（25）

まき・りょうた

本社から営業所に異動してきた社員。入社４年目。高学歴エリートで、女子社員が放っておかないイケメン後輩男子…だったが、なんと突然春田に告白。黒澤が春田にグイグイアプローチをしていると知り、つい激情のままに春田に風呂場で濃厚キスをしてしまう。性格は男らしく精神年齢も高め、察しが良くなんでも我慢しがち。非常にマメで家事・料理なども万能。母親のように世話を焼き、春田を楽に生活させる。基本は敬語で、気が利く丁寧な後輩風だが、イラッとすると、ついついドＳな一面が顔を出す。

11月１日生まれ　蠍座　Ａ型　173cm
妹が一人いる

特徴 素直じゃない、負けず嫌い、意外と沸点低め
資格 再開発プランナー
趣味 植物観賞、読書、片付け
好きな食べ物 みかんゼリー
嫌いな食べ物 コンビニ弁当はできるだけ避けたい…
朝ごはん パン派
平均睡眠時間 ５時間
好きな動物 ハムスター
好きな色 暖色
苦手 パーソナルスペースが近い人
高校時代の部活 野球部
服装 細身のスーツにさわやかな色味のネクタイを合わせ、信頼度もイケメン度もアップ。私服も好感度大のきちんとめカジュアルな着こなしが多い。

本心を隠し抱え込むタイプだが、時に感情が爆発。

春田の幼なじみ・広告会社勤務

荒井ちず（27）

あらい・ちず

―― 内田理央

春田の年の離れた幼なじみ。竹を割ったような性格で、上昇志向も強く、飲み会でセクハラをしてきた取引先の偉い人にうっかりパンチをお見舞いしたことで会社を辞職。その後、外資系広告会社への転職に成功。春田と同じく実家暮らしが長く、「結婚するならイケメンで家事を全部やってくれる執事」という理想を持っている。春田のことは「こんなダメ男ないわ～」と言いつつ、付かず離れずの距離。ときどき、兄が営む「居酒屋わんだほう」を手伝っている。

7月24日生まれ　獅子座　O型　166cm
兄が一人いる

特徴　やなことは寝て忘れる！
趣味　マンガ（少年マンガも少女マンガも何でも！）
好きな食べ物　チャンジャ、軟骨から揚げ
嫌いな食べ物　杏仁豆腐
朝ごはん　ＴＫＧ一択!!!
平均睡眠時間　7時間
好きな動物　ボールパイソン
好きな色　黄色
苦手　面倒くさい上司、悪口言うヤツ
高校時代の部活　チアリーディング部

オフィスファッションは華やかキャリア系、普段着は大人かわいい系。フリルやシフォンなど、フェミニンさがあるデザインが好き。

イヤイヤながらも相談に乗ってくれる。

天空不動産 東京第二営業所 新入社員

栗林歌麻呂 (23)

くりばやし・うたまろ

金子大地

モンスター新入社員。通称"マロ"。人に仕事を押し付けては「働き方革命って知ってます？」とドヤ顔、春田がひとたび説教しようとすれば「パワハラだ…」と言い放ち、しまいには武蔵の妻・蝶子を見て「アリよりのアリ！」とコメント。何かとヤバい新人だが、近頃の若手はすぐ辞めがちなので、なんとなくみんな優しくせざるを得ず、優遇されている。なんだかんだ要領は良く、営業成績は春田より上。恋愛偏差値も高い。

3月3日生まれ 魚座　AB型 179cm
姉が二人、妹が一人いる

特徴 超失礼に見えて、実はみんなのことが大好き
資格 運転免許
趣味 カラオケ（しかも超高得点を出す）
好きな食べ物 パンケーキ、メロンパン、いちごみるく
嫌いな食べ物 わさび
朝ごはん 食べない
平均睡眠時間 8時間
好きな動物 ティラノサウルス
好きな色 パステルカラー
苦手 ルール
高校時代の部活 テニス部

チェック柄のスーツに派手色のネクタイやニットを合わせるなど、新人らしからぬこなれた着こなしをする。私服もカラフルでおしゃれ。

チャラいけど憎めない。言葉のセンスが独特。

天空不動産 東京第二営業所 主任

武川政宗（44）

たけかわ・まさむね

——— 眞島秀和

結婚には興味がないと豪語するが、その私生活はよく見えず、どこか謎めいている。営業所の主任として部長を支え、冷静沈着に部下を指導。細かく潔癖症な節があり、デスクにふわふわのダスターを常備している。春田にとっては、厳しいけれど相談しやすい上司…と思っていたら、実は牧の元恋人…！　牧が天空不動産に入社する前から付き合っていたらしいが、生活のすれ違いで破局。今もまだ、牧を想い続けている。

10月31日生まれ　蠍座　A型　180cm
弟が一人いる

特徴 眼光が鋭い、基本常識人、重め
資格 宅地建物取引士、公認不動産コンサルティングマスター、損害保険募集人資格、運転免許
趣味 ドライブ、映画鑑賞
好きな食べ物 蕎麦、和菓子屋のおはぎ
嫌いな食べ物 生クリームの多い洋菓子
朝ごはん 和食。ご飯と味噌汁は固定
平均睡眠時間 5時間半（起床時間は6：30で固定）
好きな動物 熱帯魚
好きな色 土色、苔色などアースカラー
苦手 飲み会のあとのカラオケ（さりげなく消える）
高校時代の部活 ハンドボール部（キャプテン）

渋めな色のスーツに小紋タイを合わせるのが定番。色や形が部長とかぶらないよう、実はさりげなく配慮している。休日は和服を着ることも。

恋愛においてのみ、心の乱れが制御不能になる。

黒澤部長の妻・セレクトショップ経営

黒澤蝶子（50）

くろさわ・ちょうこ

大塚寧々

黒澤武蔵の妻。20歳で結婚して以降、喧嘩をすることもなく、武蔵と寄り添って暮らしてきた。だが、結婚30周年を迎えた直後、藪から棒に離婚を切り出され、何が原因なのかまったくわからず、愕然…。おそらく“不倫だ”と推理し、相手を突き止めようと、夫の勤め先「天空不動産」をしれっと訪問。一人暮らし用の部屋を探しているテイで探りを入れる。やがて、長年ともに過ごしてきた夫が男性を好きになってしまったと知った彼女が、選ぶ道とは…。

7月2日生まれ　蟹座　B型　156cm
一人っ子

特徴　天真爛漫、ちょっと天然
資格　運転免許
趣味　アウトドア、スキー
好きな食べ物　お酒大好き！
嫌いな食べ物　うなぎ（小さいころ、食べ過ぎた）
朝ごはん　ヨーグルト、フルーツ、紅茶
平均睡眠時間　9時間
好きな動物　しろくま、カピバラ
好きな色　黒
苦手　クロスワードパズル
高校時代の部活　美術部

きちんと見えつつ着心地の良い、パンツスタイルが多い。夫・武蔵の私服と自然とリンクするようなシックな色味、形のワードローブを所持。

モヤモヤしたらすぐ行動。武蔵の一番の理解者。

天空不動産 東京第二営業所 社員

瀬川舞香（45）

せがわ・まいか

―― 伊藤修子

噂大好きで何かと事件にしたがる。勘が鋭く、みんなの何歩も先を予測することも。本人いわく、昔は職場の華だったらしいが、実際のところは謎。持ち前のトーク力で営業成績も抜群。ときどき恋の名言が飛び出す。

誕生日　12月24日
資格　宅地建物取引士、管理業務主任者
趣味　アロママッサージ

自分の好きなことにはお金を惜しまない。

居酒屋わんだほう 店主

荒井鉄平（38）

あらい・てっぺい

―― 児嶋一哉

ちずの兄で、春田にとっても兄貴分。いつも居酒屋の新メニューを考案しているが、素材の組み合わせも調理法も斬新すぎて、誰もオーダーしない。春田とちずをくっつけようと、たびたびお節介を焼き、ちずにウザがられている。

誕生日　2月14日
資格　調理師
趣味　歌、新メニュー考案

ギターとテレコを相棒に、迷曲作りに勤しむ。

人物相関図

居酒屋
わんだほう
店主
荒井鉄平 38
兄妹
荒井ちず 27
黒澤家
黒澤蝶子 50
幼馴染
夫婦
天空不動産
Tenku Real Estate Co.,Ltd.
東京第二営業所
営業部員（元・本社勤務）
牧 凌太 25
好きだ!!!
営業部員
春田創一 33
好きでーす!!!
営業部長
黒澤武蔵 55
元恋人
営業部主任
武川政宗 44
営業部員
栗林歌麻呂 23
営業部員
瀬川舞香 45

かわいすぎる
存在が罪

Spring

はるたん [SPRING] collection

すべては部長のパソコンに秘められた、このフォルダの写真からはじまった…。部長が恋に落ちてしまうのもうなずける、太陽のような魅力に溢れた [はるたん写真] を大公開。

NIKO - NIKO HARUTAN

顔いっぱいに笑うはるたんを見ていると、こっちも笑顔になっちゃう。笑顔力、すごい！

MOGU - MOGU HARUTAN

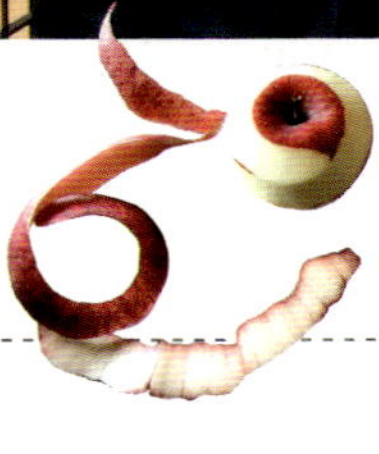

もし「おいしそうに食べる選手権」があったら、絶対に世界一になれるはず。

GU-GU HARUTAN

はるたんはどこでも寝られる？
酔っ払うと右足だけ靴下脱い
じゃうのがチャーミング。

KIRA-KIRA HARUTAN

太陽の光を浴びていて
も、月の光に包まれて
いても、はるたんはい
つも輝いてる！

あなたはどの
はるたんが好き？

はるたん7変化

牧に「くっそダサいじゃないですか、私服」
と言わしめたはるたんだけど、スーツ姿からスウェット、
きぐるみまでをこんなにも着こなしていて…。
はるたんの素敵コーデ7。

work style 1

1 Suit

［スーツ］

ウィークデーはブルー系のスーツ。濃紺のスーツにストライプのネクタイを合わせた「きちんと感」でお客様の信頼度をUP。

work style 2

2 Sandwich man

［サンドイッチマン］

営業マンの大事な仕事着。
これで歩き回るのは暑いけれど我慢。

work style 3

3 Animal

［きぐるみ］

現地販売会では
おなじみのキャラクター
「てんくぅん」に変身。

4 Sweat

［スウェット］

尋常じゃなくスウェットを
着こなす。自宅では
3種のスウェットを所持。

うおおおおいッ！うおおおお

ぶっ、ぶちょぶちょぶちょぶちょぶちょお！

6 Shopping
［お買い物］

謎のフォルムのオシャレブルゾンやサスペンダールックも、難なくハマる。

5 Date
［デート］

ロングカーディガンにハット、靴はドクターマーチン。牧の嗜好が反映されたコーデ。

7 Tuxedo
［タキシード］

真っ白いタキシードに薄いオレンジのバラとミモザ。靴は白のレースアップシューズ。

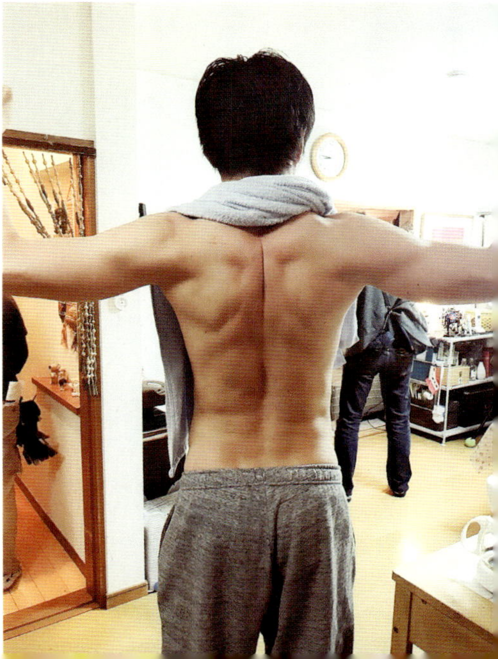

揺れる心

33歳、実家暮らしの「ぽんこつダメ男」春田創一。
超鈍感でやさしすぎるからこそ気持ちが揺れ動く。
そんな春田の各場面の気持ちが丸わかり!?
モテ期到来でテンパりまくりの春田の「揺れる心」リスト。

#1

いつか運命の恋に巡り合えると信じてる

いじられながらも運命の恋を探して
合コンに。いつも撃沈。

↓

驚くほど俺の生活レベルは向上した

イケメン後輩・牧凌太とルーム
シェア開始。飯が超うまい!

牧

↓

いや、ちゃんとしなくていいから!

部長に呼び出されて告られる。
ちゃんとするって…どゆこと?

黒澤

↓

相手はおっさんだよ? 部長だよ!?

ちずは「好きになるのに男も女
も関係ない!」って言うけど…。

ちず

↓

#2

こんなに消えてくれないキスの感触、初めてです

バスタオル取ってって言ったら
牧にキスされた…うぉぉいッ!

牧

↓

俺のためにケンカするのやめてくださ——い!

部長とランチミーティング
してたら、牧が乱入、つかみ合い!!

黒澤 牧

↓

牧が男だから、ダメなのか?

俺は…ロリで巨乳が好きなんだよー!
クソ——ッ!!(叫び)

牧

↓

俺、ダメなところは直すから…

…また普通に友達として暮らせたら
って言ったら、おでこにキスされた。

牧

↓

#4

かつてこんな修羅場があっただろうか

部長の奥様に俺が「はるたん」て
バレた! これって不倫!?

黒澤

↓

なんか俺、すごい動揺してんだけど

わんだほうで牧と武川さんが手を
つないでた! 胸がザワつく…

牧

↓

…今、出なくてよくね?

俺と話してるのに、ちずがマロ
の電話に出ようとするからつい。

ちず

↓

こんな僕を好きになってくれてありがとうございました…

恋愛感情じゃないけど、部長は
理想の上司だし、大切な人だから…。

黒澤

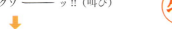

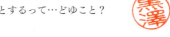

春田創一

「元彼なんですよ」…？
牧が武川さん家に行くって聞いて、
つい後ろから抱きしめた。
牧

#5

付き合うとはこの場合、どういう意味？
牧にとって俺は…彼氏なの？
彼女なの？　オイ、答えろよッ。
牧

俺が手を引く…それはなんかイヤだ…
武川さんに土下座されて、
牧と別れてって言われたけど…。
牧

俺のほうこそ…なんか…
牧と一緒にいることは、俺にとって
恥ずかしいことじゃないから。
牧

#6

ちょっと意味がわからないってなんだよ!!
牧と付き合ってるって、みんなの
前で言ったら牧が冷たくて。
牧

息子さんを僕にください、
とかいう感じ？
牧の実家に行くことになった。
え、俺が初めてじゃないの!?
牧

なんだよ！　ちず、泣いてんのか…
「春田のことが好きなんだってば」
って言うちずを思わず抱きしめた。
ちず

これが未曽有のモテ期!?

いや、別れるってなんだよ…
俺、家事も頑張るし、お父さんにも
認めてもらえるよう努力するから…
牧

#7

なぜか俺は、部長と同棲している
牧にフラれて1年、気がつけば
俺と部長は一緒に暮らしていた。
黒澤

この出来事は翌日の朝礼で
ただちに報告された
フラッシュモブで公開プロポーズ…！
あれ!?　どっちがウェディングドレス??
黒澤

…ごめんなさい…ごめんなさい…
誓いのキスをしようとしたら、
牧との思い出が
次々と浮かんできて…。
牧

俺さー!!　牧が好きだ――!!
タキシードだし、靴こわれたし。
でもやっと、牧に会えた！
牧

尽くす恋

高学歴でイケメンでドS。
超がつくほどマメで家事も料理も万能。
完璧なのに実は不器用で、いつも気持ちをうまく伝えられなくて…。
切なすぎる牧凌太の名言まとめ。

#1
…好きだ。
春田への突然の告白、
そして溺れながらのシャワーキス

#2 **大事なのは長さより深さ**だと思うんですけど！
部長と春田のランチデートに乗り込んでキレる牧

#2 優柔不断、朝不機嫌、服脱ぎっぱなし、好き嫌い多い、
靴そろえない、皿洗いしない、ちょっとそれひと口ちょうだいって言う、
改札で引っかかる、方向音痴、
うつぶせで寝る〜！
部長とバトル！　春田の悪いところを10個言い合う

#2
可能性がないなら、
やさしくしないでください。
ほんと、ずるいですよ、春田さん。
…普通には、戻れないです。
春田が街中を探し回り、夜の公園で佇む牧を見つけて…

牧 凌太

＃2
好きになっちゃいけない人を
好きになってしまったっていうか。
なのに止められない
自分がイヤになる
っていうか…。

営業所でマイマイに
「恋の悩み？」と聞かれて

＃3 いやいやいや、それをなんで
武川さんに言うんですか。
…いや、ホント、
まじデリカシー！

武川に余計なことを言った春田にキレる牧

＃4 **…あげないよ。**

ちずに作った鮭と枝豆のパスタを
ねだって「俺も食べたい」と言う春田に

＃4
俺、出ていきますね。
武川さんのところに
お世話になろうと思って。
春田さんは、ちずさんと
幸せになってください。

ちずと春田のつながりの深さを知って、
つらくなってしまい

＃5 何もないならいいですよね。
春田さん、
俺と付き合ってください。

バックハグで引き止めてくれた春田に思わず

＃5 いや俺、
彼氏が服ダサイとかちょっと耐えられないんで！

付き合うことになって、初めてのデートの誘いを

＃5 **俺は春田さんにとって恥ずかしい存在なんですか？**

デート中に、人目を気にする春田に対して

＃5 世間はいつだってうるさいです。でも結局、

今の自分たちにとって一番大事なものは
何かってことだと、僕は思います。

交際に悩むケンタツと室川檸檬に対して

＃5

春田さんは春田さんのペースでいいですから。形だけじゃなくて、

ちゃんと好きになってもらえるように、
俺、頑張りますから。

勝手に交際をバラしてしまったことを
春田に謝って

＃6 …なんかもう、
うるせえなあと思って。

武川のお見舞いを不審に思った春田の言葉を
ふさぐようにキスして

＃6 春田さんは、ホントに
俺でいいんですか？

風邪をひいた牧が作った
チキンサラダを食べながら

＃6

春田さんと一緒にいても、
苦しいことばっかりです。

…俺は…
春田さんのことなんか
好きじゃない…。

ちずと抱き合っているところを見てしまい…

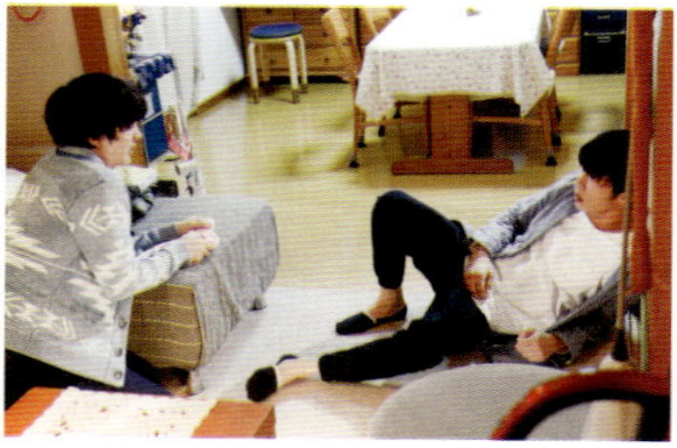

#7 …つれえ。
本当に好きな人には幸せになって
もらいたいじゃないですか。

家族のこととか世間の目とか、いろんなこと考えたら、巻き込むのが怖くなったんです。

結婚お祝い会を抜けて、ちずと二人で話して

#7 俺は、お前と絶対一緒にいたい!!!
…だから!
俺と結婚してくださ――いっ!!

タキシードのまま走り回って、牧を見つけて叫ぶ春田

…ただいま。

…おかえり。

強く抱きしめられたとき、一筋の涙がこぼれた。やっとここに帰って来られた

攻める恋

厳しくも情に厚く、男気あふれる
カッコいい敏腕上司・黒澤武蔵。しかし、
彼は10年前のあの決定的な瞬間に恋に落ちた。
そんな部長の「恋の軌跡」まとめ。

#1 発覚

出勤途中、バスの中で痴漢に間違われた春田を助けた武蔵は、バスが揺れたはずみで春田を抱きしめてしまう。ときめきのあまり携帯を落とす武蔵。その携帯のロック画面には隠し撮りした「はるたん写真」が！

#1 接近

大量のはるたん写真を保存したフォルダ「Spring」を春田に見られて、覚悟を決めた武蔵は「勇気を持って一歩前進」！ 春田を営業所で待ちぶせ、なぜか部屋を暗くし、上着を脱いで、カッコよくミントを齧る…。

襟に、クリーニングのタグがついてるお　黒澤

はるたんが…好きで———す!!!

#1 告白

海沿いの公園に春田を呼び出す武蔵。自分に嘘をつくのはやめた、と熱い想いを春田にぶつけ、「ちゃんとするまで待ってほしい。俺に時間をくれ！　ありがとう!!」と真紅の薔薇の花束を渡し、カッコよく立ち去るのだった。

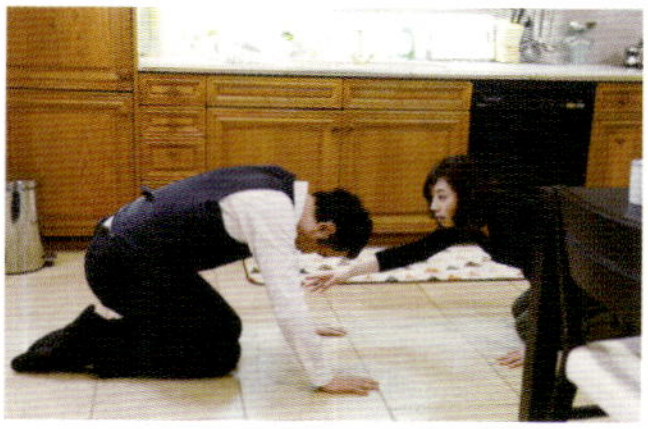

#1 けじめ

春田との（一方的な）約束通り、蝶子に突然離婚を切り出す武蔵。「女がいるの？」と言われても理由は言えなくて…。

#1 希望

春田は武蔵をかばって病院に運ばれるも無傷。抱きついてむせび泣く武蔵の頭を、なぜだかそっとなでる春田…。

黒澤武蔵

#2 出陣

☆☆☆
星3つ？

ランチミーティングと称して本社の屋上に春田を呼び出す武蔵だが、実はランチデート。「はるたん、から揚げ好きでしょ。だっていっつも食べてるもんね！」と大好物のから揚げ入りの**手作りキャラ弁**で胃袋をつかもうとするも…。

#2 決定的瞬間

それは10年前、まだ武蔵が課長のころ。ひったくりにあった春田を追いかけ転んだ武蔵。足を痛めた武蔵を春田は**やさしく手当し**、革靴をはかせてくれて…。

＼あったじゃーーん!!!／

あのとき、お前が俺をシンデレラにしたんだ

#2 強敵登場

可愛すぎる！
存在が罪！　ピュア！
えっと…可愛すぎる！

ランチデートに乗り込んできた牧。キレ気味に春田への想いを告げ、愛しい春田を巡って**男同士の大バトル**が開幕。春田の悪いところを10個言い合うが…。

#3 暴露

蝶子に離婚の理由を聞かれ**「俺が好きなのは…彼なんだ！」**とついに告白。

#3 密会

＼はーるたん♥／

会いたくて会いたくて
震えちゃった

#4 玉砕

＼高速パタパタ／

春田にフラれるとわかった武蔵は秘技「高速パタパタ」で対抗するも「ごめんなさい」。「ダメなのは俺が上司だから？　それとも男だから？」。恋愛感情じゃないと告げる春田も泣いていた。武蔵は部長モードに戻って立ち去るが、涙は止まらない。

わ――――!!!
聞こえない聞こえない!!!

#5 激励

蝶子は印鑑をおした離婚届を渡すが、フラれてメソメソしている武蔵に「私、あなたを何回フッたと思ってんの？　私はそれでもあきらめない、あなたのバカみたいに熱いところと不器用なところを好きになったの」と活を入れてくれる。

#6 嫉妬

「俺と牧は、付き合ってます！」、突然春田がカミングアウト！　武蔵は「ちょっと待ったぁああ！」と飛び出してみたものの、無理して祝福するしかなくて。

ブラボー――!!

#6 作戦会議

打倒・牧凌太をここに宣言させていただきます。敬具

猛烈な長文メールを春田に送るも撃沈。牧から春田を奪還するため、「恋愛は駆け引きがすべて」という蝶子の指導のもと、武蔵のストロングポイントを書き出す。

#6 攻勢

ア・イ・シ・テ・ルだよ!!

「２番目の男でもいいです」と春田に迫り、蝶子との作戦通り自らの魅力をアピール。別れ際、ブレーキランプを５回点滅させるが、「アイシテル」のサインが通じない!?

オリーブオイルは多め

#7

同棲

牧にフラれた春田は元の堕落した生活に戻ってしまい、見かねた武蔵が頻繁に春田の面倒をみているうちに一緒に暮らすように。生活も仕事も1UP！

#7

求婚

上海赴任用の買い物に出かけた武蔵と春田だが、武蔵から突然のフラッシュモブ・プロポーズ！「僕なんかでよければ…」と言う春田を武蔵はかたく抱きしめて…。

僕と、結婚してください！お願いします！

#7

挙式

神様の前で、ウソはつけないね

本気じゃないキスをされても俺はうれしくない。

…春田ぁああっ、行けぇええ!!!!!!

そして…

Dear.
はるたん

もう、こうしてはるたんと呼ぶのは、
今日が最後かもしれません。なぜなら
明日から気持ちの上では春田武蔵、
すなわち、私もはるたんだからです。
いや、名前のことはこの際、置いておきま
しょう。はるたんには感謝しています。
会社では上司と部下、家では恋人同士、
色々大変なこともあったでしょう。
そんなことないって？ ありがとう。

私はそんな、はるたんの真っ直ぐでバカで
優しくて、嘘がなくてバカで可愛くて
よく食べてバカでカッコイイところが
大好きです。はるたんのおかげで公私
ともに、とても充実した一年になりました。
はるたんが大好きです。
ずっとずっと大好きです。そして最後に

君に会えて良かった
武蔵

でもな、不思議と楽しかったことしか思い出さないんだよなあ

荒井ちず

気付けなかった想い

「春田のくせに」
「私、その部長さんを応援する！」
と、幼なじみの春田なんて
眼中になかった荒井ちず。
突然のライバル出現で
動揺が止まらないちずの、
とても身近にあった恋。

#1

結婚するなら執事みたいな
イケメンって決めてんの。
家事とかぜ〜んぶやってくれて、
私が仕事から疲れて帰ってくると、
黙って癒してくれるような。

わんだほうで、酔った春田がちずに「俺と結婚してみる？」と軽口をたたくと…。

#5

…そっか、
付き合ってるんだ。
…春田も好きなの？

マロとの会話で春田への想いに気付いたちず。海で春田に気持ちを伝えようとするが…。

#6

…だから、
春田のことが
好きなんだってば。

告白することを牧に伝え、春田を呼び出した。負けた気がして悔しいけど、想いが溢れて…。

栗林歌麻呂
空前絶後の恋

モンスター新入社員、栗林歌麻呂。
フリーダムな仕事ぶりと
オリジナリティ溢れる言葉のセンスは
まさに「宇宙人」。
なのにどうしてこんなに胸が高鳴る？
マロのラブワードまとめ。

働き方革命って知ってます？

#6

人を好きになるのに、
年も性別も関係ない
じゃないっすか。

春田とのお昼ごはんタイムに、
蝶子さんへの前代未聞の想いが
止まらないマロ。

つか、人妻すか!?

#5

よしよし、頑張った。
じっとして。
…ほら、心臓の音聞くと、
安心するでしょ？

わんだほうで蝶子とさし飲み。涙をこらえる
蝶子の手を取り、抱きしめるマロ。

今、俺史上、空前の蝶子ブーム来てんすよ。

軽くジェラってます。

#7

好きすぎてヤバいから、
結婚するんすよね？

バーのカウンターで
蝶子とふたり。
ウィスキーをグッと飲み、
即チェイサーを頼むマロ。

アリよりのアリです。

ハードルの高い恋愛って燃えるけど、ムズイっすよねー。

クッソ美人じゃないっすかー！

いちおうリスペクトしてんすよ。

武川政宗
諦めきれない恋

仕事第一で冷静沈着。超潔癖症な独身貴族。
常にミステリアスなオーラをまとう
武川政宗は牧の元彼。牧をどうしても
諦めきれなくて、心がザワつく…。
武川の名アクションハイライト。

＃4

俺なら、あいつと
違ってお前を
傷つけたりやしない。

思い悩む牧を
見ていられなくて、
廊下でまちぶせ！

まちぶせ！

足ドン!!

＃5

メシ行こうか。

春田と牧のひそひそ話を遮り、
出ていこうとする春田を
約155度の角度で足ドン！

土下座!!!

＃5

頼む！…牧から
手を引いてくださいっ！
お願いします！
俺…俺が俺が俺が、
あいつがいないと
ダメなんだよ!!

生活のすれ違いで牧とは別れたけれど、
もうそんな過ちを犯したりしないと土下座！

＃7

相手の幸せのためなら
自分は引いてもいいとか
どっかのラブソングかよ。
…そんなに綺麗事じゃ
ねぇだろ、恋愛って。

春田の仕事の引き継ぎで残業していた
牧に「このまま春田を行かせていいのか」
と壁ドン！

壁ドゴーン!!!!!

黒澤蝶子 見守る愛

結婚30周年を迎えた直後に
突然離婚を切り出された黒澤蝶子。
しかも夫が好きになったのは
男だった…。
フラれてメソメソする武蔵を
大きな愛で包み込む、
蝶子の応援ワードまとめ。

#3

離婚の理由が知りたいの。
私のこと
嫌いになっちゃったの？

ファミレスで、春田と蝶子と武蔵が三つ巴。
「はるたんは、男だ」とついに告白。

#5

この私をフッたんだから、
はるたん死んでも
ゲットしなさいよ！

離婚届を出しに武蔵との最後のデート。
お別れのときに送った言葉は…。

#6

恋愛は駆け引きがすべて
なんだから、頭使わなきゃ！
…もうしょうがないなあ、
作戦立てるわよ！

イジイジしている武蔵があまりにも不甲斐なく、思わず作戦会議をはじめる蝶子。

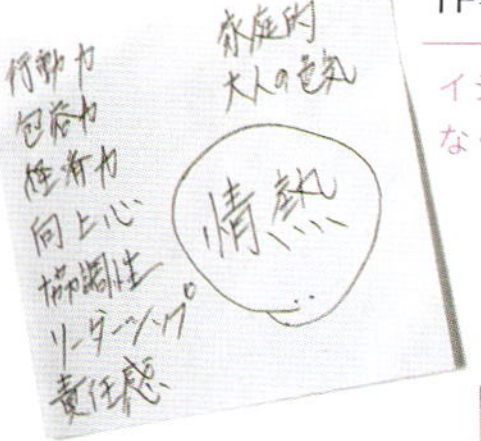

#7

あの人には、
ちゃんと幸せに
なってほしいから。

バーのカウンターでマロとグラスをかたむける蝶子。願うのは武蔵の笑顔。

#1

OPEN THE DOOR!

写真右、栗田よう子（春田幸枝役）

運命の恋を探しているのに全くモテない独身男・春田創一は、出勤途中、バスの中で痴漢に間違われたところを尊敬する部長・黒澤武蔵に助けられる。しかしホッとしたのもつかの間、車内が揺れた拍子に黒澤が落とした携帯のロック画面を見ると、とんでもないものが…。**なんと、待ち受け画面が、春田の顔写真!?** さらに会社で、春田は頼まれた資料を黒澤のパソコンで探していると、うっかり“spring”と名付けられたフォルダを開いてしまう。その中には隠し撮りされた自分の写真が大量に保存されていた。え、え、え？ 何？ 一体どゆこと!? そんな中、合コンでも一緒になった後輩のイケメン社員・牧凌太が本社から異動してきた。牧は礼儀正しく仕事も熱心。しかも家事まで万能らしい。奇しくも息子の自立を願う母親に家出され、実家で一人途方に暮れていた春田は、牧にルームシェアを提案。さっそく引っ越してきた牧の“生活力”に春田は感激してしまう。しかし運命の歯車は突如、怒涛の勢いで回り始めた！ **ある夜、部長に呼び出されて夜景の綺麗な公園に向かうと、そこにはバラの花束を持つ黒澤の姿…！** 「はるたんが…好きです‼」という乙女すぎる愛の告白に驚愕した春田は、その後ついついギクシャク。仕事の失敗をフォローしてくれた黒澤にも、過剰反応して傷つけてしまう。しかし、キャンペーン場所で事故に遭いそうになった黒澤を、体を張って助け…。病院で目を覚ます春田を見て、号泣する黒澤。その震える頭を、春田はなぜか優しく撫で…。その夜、部長の気持ちを知った牧もまた、春田への想いをバスルームで爆発させるのだった。

＃2
けんかをやめて

ゲスト
吉谷彩子（陽菜役）、渋谷謙人（棚橋一紀役）

「春田さんが巨乳好きなのは知ってます…でも、巨根じゃダメですか？」
シャワーが流れる中、告白してきた牧に突如唇を奪われた春田。翌朝、何事もなかったような牧の態度に春田の混乱は加速する。その矢先、天空不動産に、小説家になった春田の地元の後輩・棚橋一紀と陽菜夫婦が来店。春田は張り切って二人の新居探しを担当するが、物件を下見するたび夫婦の意見は衝突し、物件探しは難航する。そんな中、世を忍ぶ乙女心を秘めた黒澤部長がランチミーティングという名目で、かわいいキャラ弁を作り、春田を屋上のランチデートに誘ってきた！しかしそれを知った牧が現れ、**愛しの春田を巡り、男同士の激しすぎるバトルが開幕!!**
その夜、居酒屋わんだほうで、春田は牧の昼間の態度を責めるが、牧は「本気で春田さんが好きなんです」と再告白。思わず牧を傷つける言葉を並べる春田に、幼なじみ・荒井ちずはビンタをお見舞い。「相手を思いやれないあんたに一緒に暮らす資格はない」と叱咤する。家に帰って来ない牧を探しに夜の街を走る春田——。ようやく見つけた公園で、春田は牧に謝り、友達として一緒に暮らそうと伝えるが、牧からは「もう、普通には戻れないです…」とおでこにキスをされ…。
一方その頃、結婚30年目にしていきなり黒澤から離婚を切り出された妻・蝶子。黒澤の「はるたん…」という寝言を聞き、離婚の理由は不倫と確信。更に相手の名前を「ハルカ」だと勘違いし、天空不動産に乗り込んでくるのだった。

#3

君の名は。

天空不動産にやってきた蝶子を接客する春田。よもや黒澤の妻だとは思わず一人暮らし用の物件内覧に案内すると、蝶子から社内に「ハルカ」という女性がいるかどうか訊かれる。一方、天空不動産では、蝶子の訪問を知った謎多き潔癖上司・武川政宗らが「別居!? 熟年離婚!?」と大騒ぎ。春田は**「離婚原因は部長から告白された俺!?　部長の奥さんが探してるハルカも…俺!?」**とパニック状態に。思わず牧にすがるも牧の態度はそっけない。そんなある日、蝶子は春田に離婚にまつわる事情を明かし協力を求めてくる。板挟みに焦る春田だが、さらに蝶子は「黒澤の手帳にデートの文字を見つけた」と、春田を巻き込んでの尾行を実行！しかもそのデートというのは、なんと黒澤が春田を“仕事”名目で呼び出したもので…？
全員鉢合わせという最悪の修羅場をかろうじて免れ、春田が家に帰ると、牧はなぜか不機嫌。最近、牧が武川から何かと絞られる様子を心配し、武川に意見したことを、余計なお世話だと咎められ…。一方、居酒屋わんだほうでは、「顔がドストライク」とちずに惚れたモンスター新人・栗林歌麻呂（マロ）が、積極的にアピール中。そんな中、黒澤の「はるたん観察日記」を見つけた蝶子は、春田をファミレスに呼び出す。悩む蝶子を慰めるうちに泣き出してしまう春田。そこに蝶子を探してやってきた黒澤が現れ、ついに**「本当の俺を知ってほしい」**と衝撃の事実を明かすのだった。

＃4

第三の男

乙女部長・黒澤が離婚話を突如切り出したのは、春田に恋をしたから――想定外の事実を突きつけられ、蝶子は最上級のパニック状態。春田は牧に相談しようにも冷戦中。そんなとき、春田をさらに動揺させる出来事が起きる。謎多き上司・武川が仕事中、突如春田の手に、そっと手を重ねてきたのだ…！　その後も何かと、不自然なほどに距離を詰めてくる武川。**「まさか牧に厳しく当たっていたのは俺をめぐる恋敵だから!?」**春田は悩んだ挙句、幼なじみのちずに、天空不動産の社員も大勢参加する居酒屋わんだほうの閉店パーティで、彼女のフリをしてくれと頼む。実はわんだほうは近隣一帯のタワーマンション建設に伴い、閉店することが決まっていた。パーティ当日、ちずに“彼女っぽい行動”を取ってもらい、思わずドキドキしてしまう春田。しかし落ちた箸を拾おうとした春田はテーブルの下で手を繋ぐ二人に気付く。それはなんと武川と牧だった！　一方、腹の虫が治まらない蝶子は春田に「あなたを訴えます」と宣戦布告。**春田は黒澤を呼び出し、ハッキリと恋愛対象ではないことを告げる。**号泣しながらも潔く諦める部長…その二人を陰から見る蝶子の目にも涙が…。そんな最中、わんだほうがタワマン建設詐欺に引っかかり、ちずが春田の家に身を寄せることに。牧の機転で店は助かるが、春田とちずの微妙にいい雰囲気を感じとった牧は、春田の家を出て行こうとする。そんな牧を春田は思わずバックハグで引き止めてしまい…!!

#5

Can you “Coming Out”?

ゲスト
永瀬匡（剣崎達巳役）、生駒里奈（室川檸檬役）

バックハグで引き止めるという本能的に取った己の行動に混乱する春田に、**牧からの直球ストレートが投げ込まれた！**
「春田さん、俺と付き合ってください」
うっかり「はい」と返答したものの“付き合う”がどういうことかイマイチ把握できない春田。武川から足ドンで強引にランチに誘われた春田は、その気がないなら牧から手を引いてくれと土下座される。一方、春田が牧をバックハグする現場を目撃したちずは、春田を急に意識しはじめる。彼女の揺れる心を察し、ちずにアプローチをしていた栗林（マロ）はそっとその背中を押す。海辺で想いを告げようとするちずだが、その矢先「牧と付き合っている」と春田から報告されて…。
なお、会社では頼もしい姿を見せる黒澤だったが、家では来る日も来る日も涙にくれていた。そんな黒澤を目の当たりにした妻・蝶子は離婚を決意。離婚届を手に“最後のデート”に誘い、笑顔で別れを告げる。フラれた者同士…とわんだほうで酒をあおる蝶子とマロ。強がる蝶子を見たマロは、「よしよし、がんばった」と蝶子を優しく抱きよせて…。
そんな中、天空不動産ではトップシークレットの案件が進行。春田がアテンドする人気沸騰中の俳優・剣崎達巳と、牧が担当する清純派朝ドラ女優・室川檸檬が密かに付き合っており、マスコミの目をごまかすため同じ物件に引っ越そうとしていたのだ！　紆余曲折の末、春田と牧の関係を知った剣崎と室川は、意を決してマスコミに交際宣言！　それを見て感化された**春田もまた、職場で牧との交際を宣言してしまう。**

＃6

息子さんを僕にください！

写真左から、
生田智子（牧志乃役）、春海四方（牧芳郎役）、安倍乙（牧そら役）

「俺と牧は…付き合ってます！」
春田の唐突すぎるカミングアウトに、激震が走る天空不動産東京第二営業所。「ちょっと待ったあ‼」と黒澤も部長室から飛び出してくる。しかし、先に口説いてきたはずの牧が、僕には意味がわからないと逃走。動揺する春田が家に帰ると、牧は風邪で倒れてしまい、春田は慣れないながらも懸命に看病することに…。また、自分のフラれた理由が“男だから”ではないと知った黒澤は、春田への愛を再燃させる。「打倒・牧凌太」を宣言し、離婚した妻・蝶子とまさかのタッグを組み、起死回生のアプローチに乗り出す。
風邪で会社を休んだ牧を心配して、突如春田家に見舞いにやってくる武川。春田との交際を否定した理由を聞くと、「このまま付き合って春田さんは本当に幸せなのか」と牧はぽつりと漏らす。そのころ、春田への恋心に気付いたちずは、自分の気持ちに踏ん切りをつけるため、春田への告白を決意。牧にも偽りなくその想いを告げ…。そんな中、突然牧が春田に「交際相手として自分の両親に会ってほしい」と提案。流されるまま牧の実家へ向かうと、父親から怒鳴られ猛反対されてしまう。しかし母と妹からは大歓迎。そんなドタバタ実家訪問の帰り道、春田はちずに呼び出される。察した牧が家に一人帰ると、なんと春田の母に出くわして…。状況も知らず、息子の“普通の幸せ”を願う母親の思いを聞いた牧の顔は、徐々に曇り…。一方、春田はちずの涙ながらの告白を受け、思わず彼女を抱きしめてしまう。偶然、その光景を見てしまった牧は、家に帰ってきた春田に自分の想いを押し殺し、悲痛の別れを切り出すのだった。

#7

HAPPY HAPPY WEDDING !?

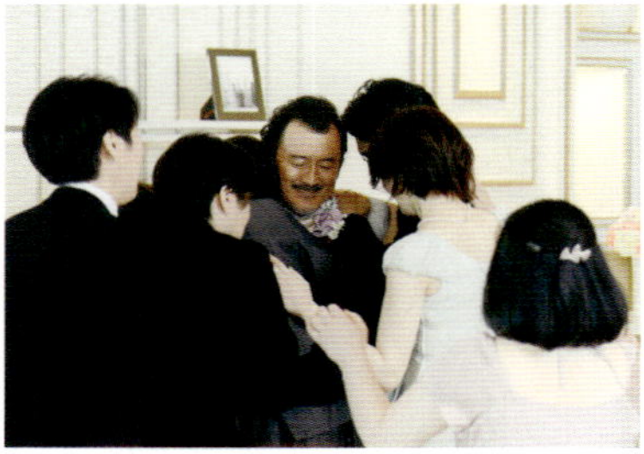

「春田さんのことなんか、好きじゃない」

牧が家を出てから1年後。春田と黒澤部長はなぜか同棲生活を送っていた。生活力がガタ落ちした春田の様子を心配し、時おり家に手伝いに訪れるうちに、ついに一緒に暮らすように…。部長との生活で、なぜだか営業成績まで上がる春田。そんなある日、本社から上海拠点の新規プロジェクトメンバーに春田が抜擢される。驚きながらも、春田は転勤を決意。その直後、春田がさらに驚愕する展開が。**なんと黒澤が、一世一代のフラッシュモブ作戦で春田にプロポーズ！**　圧に耐え切れず、うっかり承諾する春田。またたく間にその情報は皆に知れ渡ることに。混乱の中、春田の頭に素朴な疑問が浮かぶ。**「結婚って…何!?」**だが、考えても明確な答えは見つからない。「本当に好きな人には幸せになってほしい」と、春田をあきらめる牧に詰め寄る武川。ちずもまた「後悔しないように思いを伝えるべき」と牧を激励する。意を決した牧は春田に「話がしたい」とメールを送るが、人助けをした春田は待ち合わせ時間を大幅に過ぎ、二人はすれ違ってしまう。その夜、春田が家に帰ると、リビングに部長からの手紙が。真摯な想いが綴られた手紙の最後には**「君に会えて良かった」**の文字があった。そして迎えた結婚式。誓いのキスの瞬間になり、部長と向かい合う春田。しかしその脳裏には、なぜか牧の顔が浮かぶ。「神様の前でウソはつけないね」と微笑む部長を見て、**やっと牧への想いに気付く。**「行け」と絶叫する黒澤に背中を押され、泣きながら教会を走り出る。牧を探して全力疾走する春田。旅に出ようとする牧をようやく捕まえて、大声で想いをぶつける。「俺と、結婚してください!!!」泣きながら抱きしめ合う二人。それから1か月後、春田は上海に旅立つことに…。

WELCOME TO
OUR
WEDDING

天空不動産 東京第二営業所

いらっしゃいませ！
私、宮島亜紀が
ご案内します

祝！売上げ関東トップ。抜群のチームワークを育むオフィスの細部を、アッキーが紹介。

風通し良好！ オフィスレイアウト

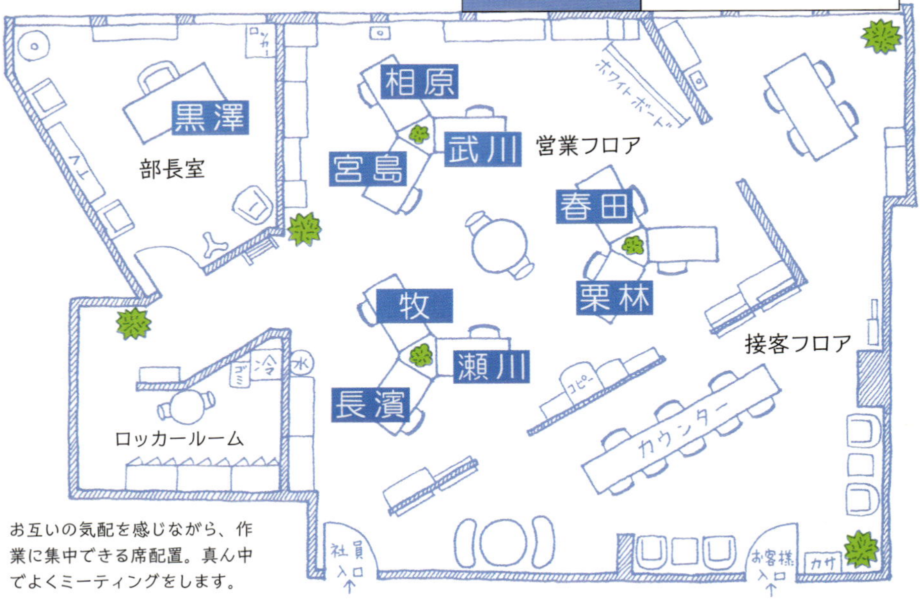

お互いの気配を感じながら、作業に集中できる席配置。真ん中でよくミーティングをします。

Pick Up！ 営業所トリビア

Trivia 4

営業所ではクリンリネス徹底。主任セレクトの掃除グッズが的確な場所に配置されています。

Trivia 5

主任の足ドン現場は部長室の向かい側。この壁の向こうはロッカールームになっています。

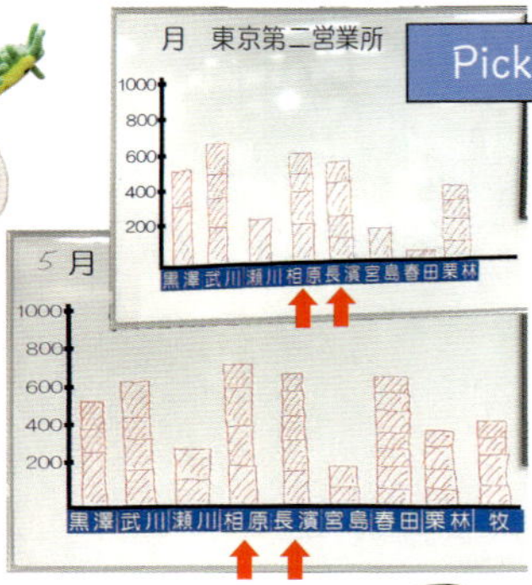

Trivia 3

相原さん（上）と長濱さん（下）は縁の下の力持ち的存在。相原さんの趣味は乗馬、長濱さんはテニス。（上のボードは牧くんの赴任直前、下は春田さん1UP後）

Trivia 1

天空不動産のキャッチコピーは「あなたが住みたい街はどんな空ですか？」。マスコットキャラは「てんくぅん」。

Trivia 2

部長と主任と舞香さんは宅建の資格を持つ不動産営業のエキスパート。

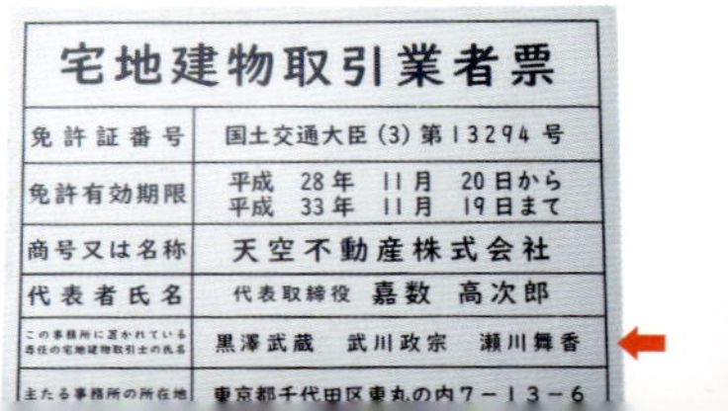

宅地建物取引業者票	
免許証番号	国土交通大臣（3）第13294号
免許有効期限	平成 28年 11月 20日から 平成 33年 11月 19日まで
商号又は名称	天空不動産株式会社
代表者氏名	代表取締役 嘉数 高次郎
この事務所に置かれている専任の宅地建物取引士の氏名	黒澤武蔵 武川政宗 瀬川舞香
主たる事務所の所在地	東京都千代田区東丸の内7－13－6

私物 Check ♥ 誰の席でしょう？

牧くんの席。マウスパッドは春田さんとマロくんとお揃いのもの。

春田さんの席。ワゴンや引き出しのラベルが盛大にズレてますね。

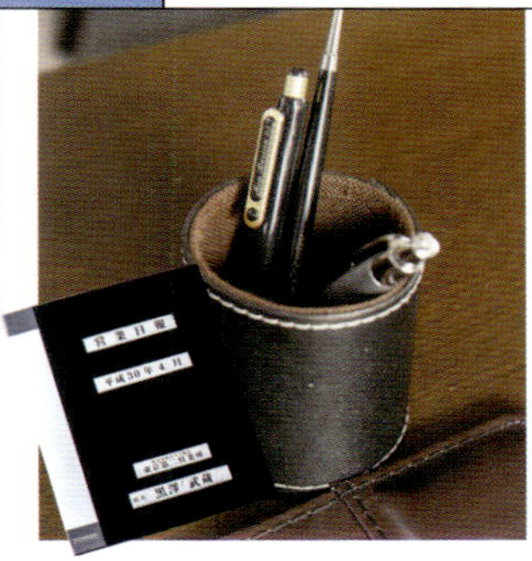

部長席は部長室にあります。書き心地にこだわった筆記具が。

マロくん、なぜルービックキューブを？　砂時計は何用だろう。

舞香さんの机はアロマのいい香りがします。癒しグッズがいっぱい。

いつも超きれいな主任の席。黒の除菌シートケースまでかっこいい。

Open the door ! 部長の部屋

部長室にはテレビやマッサージチェアもあるんですよ。フロア側がガラス壁でブラインドは開いていることが多いです。

間取り公開！
春田の家

なんだか懐かしくてほっとする春田の実家。
間取りを見ながらその魅力を堪能♪

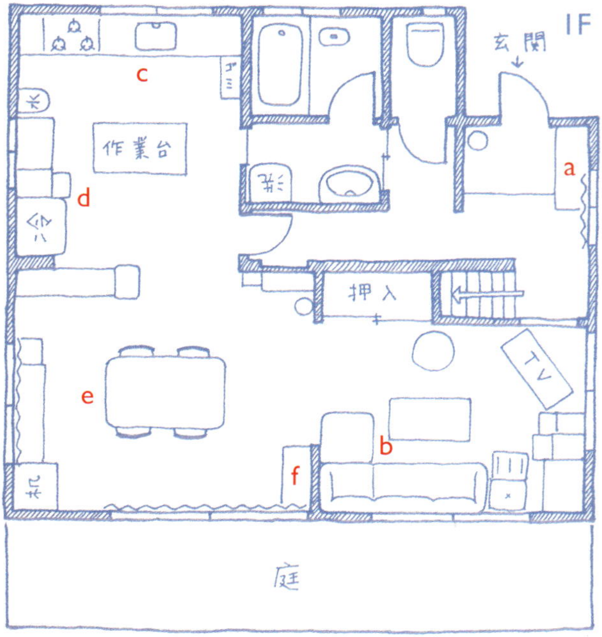

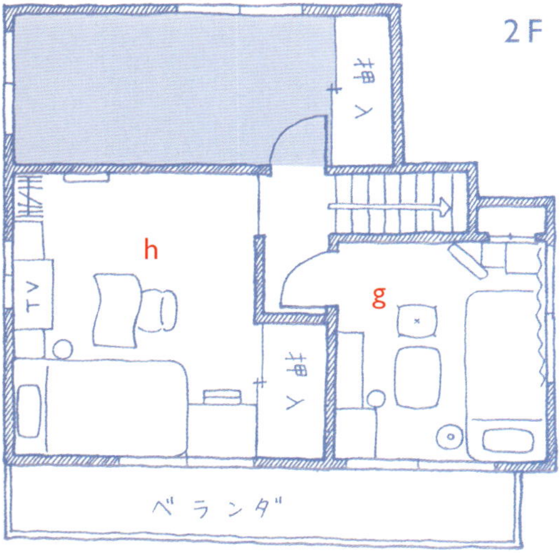

| Entrance |

a 靴箱の上に少年時代の名残、虫捕り網とカゴ。クーラーボックスは今でも釣りで使う。福を呼ぶ「左馬」の置き駒も。

| Living |

b ダイニングから仕切りなしで続く居間。眠気を誘う照明、ふかふかソファやフットマッサージャーがある癒し空間。

武蔵's arrange

ふわふわ抱き心地のいいぬいぐるみとクッションを大量投入だお♥

春田が生まれ育った一軒家は1階が生活スペース、2階に各人の部屋がある。物置状態になっていた部屋を牧が使用。もう一つの部屋は春田の母の部屋。

★写真協力＝ザテレビジョン／阿部岳人

Dining

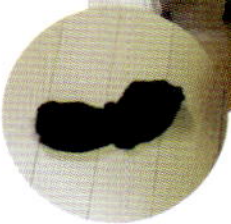

ダイニングで脱ぎ捨てられがちな靴下

e 二方向から光が差し込むダイニング。奥のビューローは母の趣味が詰め込まれたスペース。

Kitchen

d 収納力の高い冷蔵庫と食器棚。トースター上が二人のお弁当セット置き場。水色が牧の。

c 大きな窓が気持ちいい広々キッチン。牧と部長にはちょっと低いけど、使い勝手はいい。

武蔵's arrange

メモ帳の置き場はココ

ダイニングの壁にもハート♥

のれんも赤に変えちゃった★

冷蔵庫にもハート♥

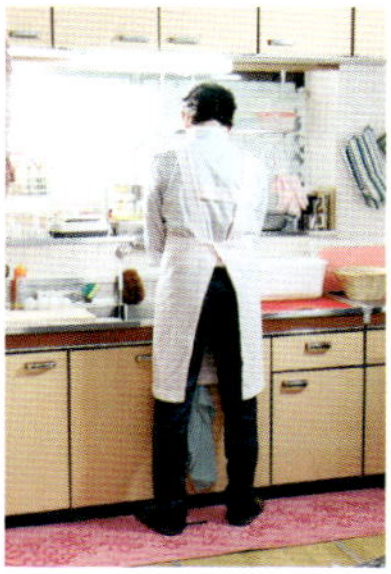

キッチン小物がピンク色に！

f ダイニングの片隅にゾイド

春田's ROOM

h やっぱり部屋も青色が落ち着く。棚にはマンガやゲームがしまわれている。ベッドサイドテーブルにもゾイドが飾ってある。

牧's ROOM

g 当面使う荷物だけで引越してきた牧。たんす上に仕事関係の本、身支度グッズ、テラリウムが。寝る前は文庫本を読む派。

＼ 今日の謎メニューは何？ ／

居酒屋わんだほう

みんなの憩いの居酒屋の主・鉄平兄のライフワークは
新メニュー考案と新曲づくり。
作中に登場した迷メニューと迷曲をプレイバック。

#2 鯖のヨーグルト煮

春田「鯖とヨーグルト、
出会っちゃいけない二人です」

#4 生クリームレバ丼

武蔵「これ、
なかなかイケるよ」

料理も人生と同じ、
どこに運命的な出会
いが転がってるかわ
かんないだろ～？

#5 肉巻きドリアン

蝶子「なにこれ？
頼んでない、頼んでなーいー！」

#3 手羽先のキャラメルソースがけ

春田「うえっ！
人間不信に
なりそうな
味です」

#6 こんにゃくバターサンド

鉄平「ちょっと
こんにゃく切れてんな、
お前ら買ってきて
くんねぇか。
食べるだろ？」

春田
「いや食べないけど」

#3 すっぱカレー

鉄平「カレーに
レモンと梅干しと
お酢が加わって、
すっぱさと辛さが
もう、口の中で
カーニバル！」

春田
「…じゃあ、モツ煮」

＼ インスピレーションが降りてきたら、いつでもそこが LIVE on ステージ。 ／

#6
♪ふーられました、ふーられました
男にふられたよ～
おーまえなんか、おーまえなんか
忘れてやるからよ～

#2
♪俺とお前はまるで～
ロミオとジュリエット…
出会わなければよかったのに Yeah

#7
♪バタフライ～
ベイベ～

#4
♪ハッピーハッピー
ラーブ

#4
♪満員電車に揺られる～
サラリーマンたち…
取引先にはすいませんと～ **(ジャンッ)**

#4
♪洗い物～

#6
♪本気と書いて、
マジと読んだ
あの夏～

#7
♪高架下で寒さをしのぐ猫が
教えてくれたんだ…
愛の～意味を～

Column

マイマイの「新しい恋、はじめました」かるた

恋のオーダー
しちゃおうかしら

押してうまく
行かないなら、
引けばいいじゃない

不倫！
ダメ、ゼッタイ！

クオカードも
入れちゃって。
…全然いいから！

チーン！

寝てるところを
一気に襲ったりなん
かしちゃったりして

ここは
やさしさを見せる
チャンスじゃない！

ペット
飼ったら
もうおしまいよ

好きになっちゃ
いけない人なんて、
いないんじゃないかしら

春田→牧 | 営業虎の巻

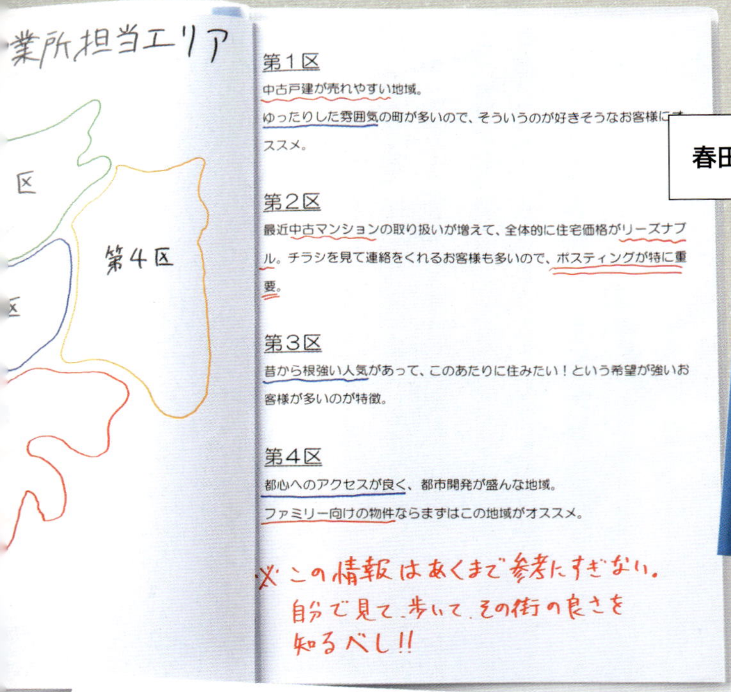
業所担当エリア
区
第4区
区
第1区
中古戸建が売れやすい地域。
ゆったりした雰囲気の町が多いので、そういうのが好きそうなお客様に
ススメ。
第2区
最近中古マンションの取り扱いが増えて、全体的に住宅価格がリーズナブル。チラシを見て連絡をくれるお客様も多いので、ポスティングが特に重要。
第3区
昔から根強い人気があって、このあたりに住みたい！という希望が強いお客様が多いのが特徴。
第4区
都心へのアクセスが良く、都市開発が盛んな地域。
ファミリー向けの物件ならまずはこの地域がオススメ。
※この情報はあくまで参考にすぎない。
自分で見て、歩いて、その街の良さを
知るべし!!

春田流
営業虎の巻
一子相伝
門外不出

営業所に来た初日から粘り強くポスティング業務をこなした牧を見込んで、自分のとっておきのノウハウを教える資料をプレゼント。

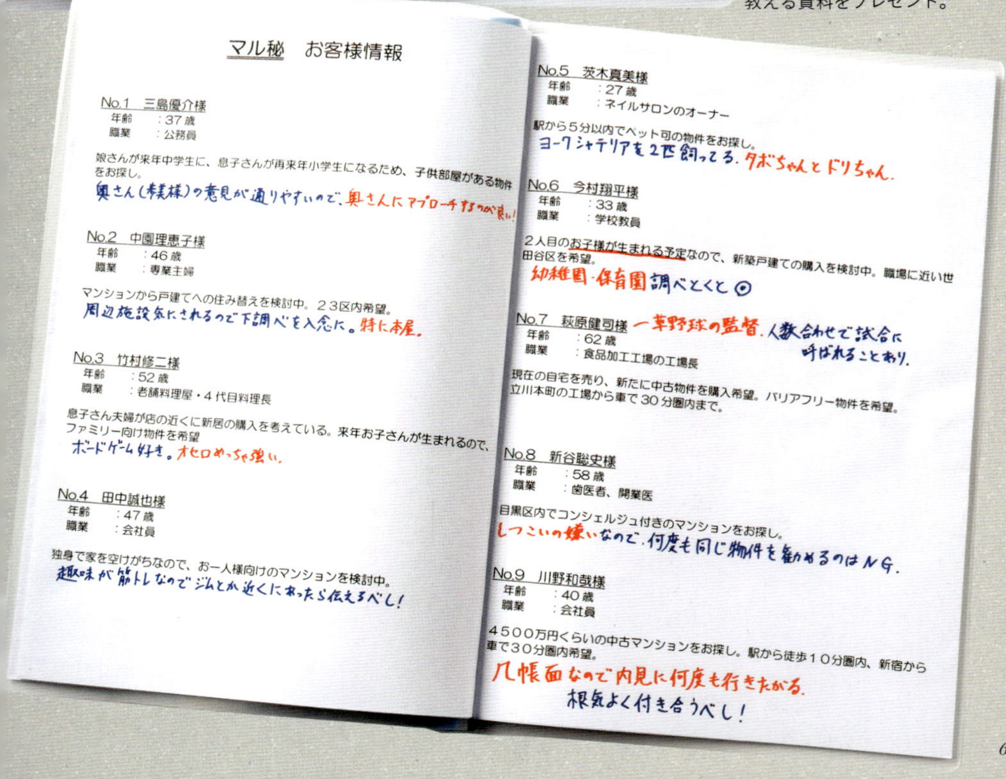
マル秘　お客様情報
No.1　三島優介様
年齢　：37歳
職業　：公務員
娘さんが来年中学生に、息子さんが再来年小学生になるため、子供部屋がある物件をお探し。
奥さん（孝美様）の意見が通りやすいので、奥さんにアプローチするのが良い！
No.2　中園理恵子様
年齢　：46歳
職業　：専業主婦
マンションから戸建てへの住み替えを検討中。２３区内希望。
周辺施設気にされるので下調べを入念に。特に本屋。
No.3　竹村修二様
年齢　：52歳
職業　：老舗料理屋・4代目料理長
息子さん夫婦が店の近くに新居の購入を考えている。来年お子さんが生まれるので、ファミリー向け物件を希望
ボードゲーム好き。オセロめっちゃ強い。
No.4　田中誠也様
年齢　：47歳
職業　：会社員
独身で家を空けがちなので、お一人様向けのマンションを検討中。
趣味が筋トレなのでジムとか近くにあったら伝えるべし！
No.5　茨木真美様
年齢　：27歳
職業　：ネイルサロンのオーナー
駅から５分以内でペット可の物件をお探し。
ヨークシャテリアを２匹飼ってる。タボちゃんとドリちゃん。
No.6　今村翔平様
年齢　：33歳
職業　：学校教員
２人目のお子様が生まれる予定なので、新築戸建ての購入を検討中。職場に近い世田谷区を希望。
幼稚園・保育園調べとくと◎
No.7　荻原健司様　草野球の監督。人数合わせで試合に呼ばれることあり。
年齢　：62歳
職業　：食品加工工場の工場長
現在の自宅を売り、新たに中古物件を購入希望。バリアフリー物件を希望。立川本町の工場から車で30分圏内まで。
No.8　新谷聡史様
年齢　：58歳
職業　：歯医者、開業医
目黒区内でコンシェルジュ付きのマンションをお探し。
しつこいの嫌いなので、何度も同じ物件を勧めるのはNG。
No.9　川野和哉様
年齢　：40歳
職業　：会社員
４５００万円くらいの中古マンションをお探し。駅から徒歩１０分圏内、新宿から車で３０分圏内希望。
几帳面なので内見に何度も行きたがる。
根気よく付き合うべし！

じっくり読みたい文字のやりとり

したためられた言葉から伝わる、相手への思い。
彼らの直筆＆メールの文面を覗き見！

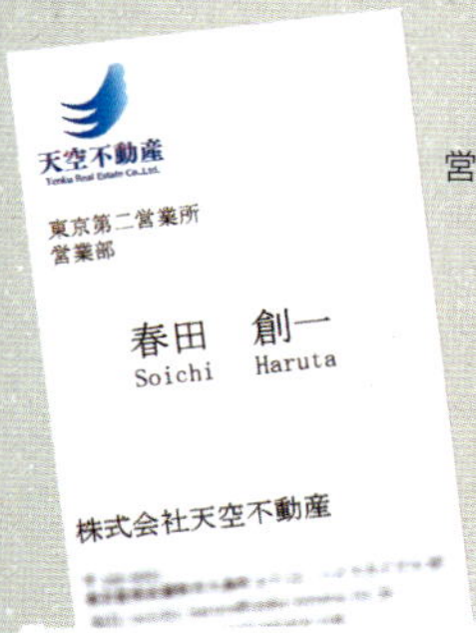
天空不動産
Tenku Real Estate Co.,Ltd.
東京第二営業所
営業部
春田　創一
Soichi　Haruta
株式会社天空不動産

営業畑生え抜きの
春田直伝！

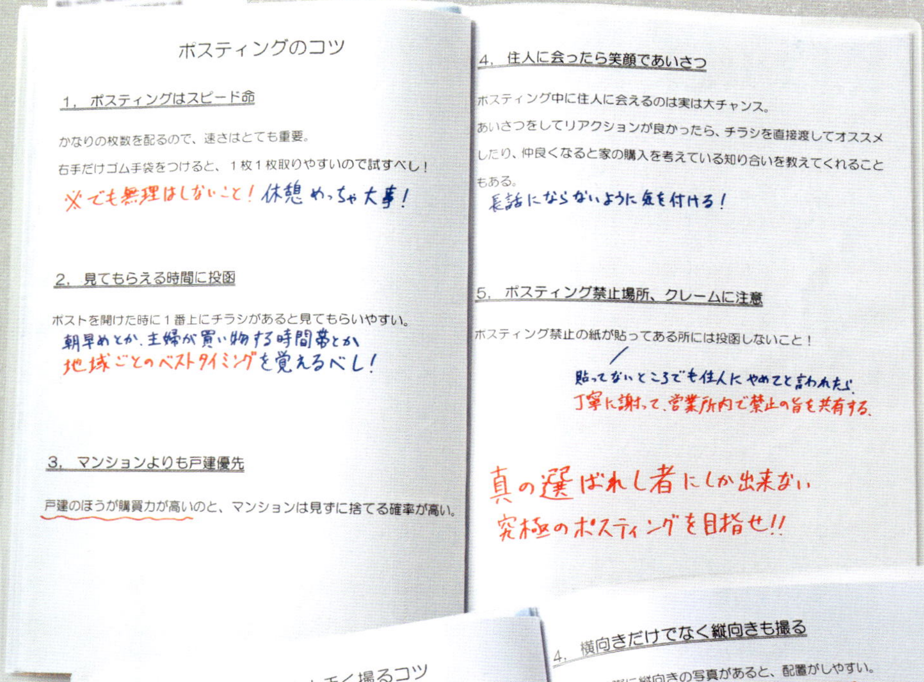
ポスティングのコツ

1，ポスティングはスピード命

かなりの枚数を配るので、速さはとても重要。

右手だけゴム手袋をつけると、１枚１枚取りやすいので試すべし！

※でも無理はしないこと！休憩めっちゃ大事！

2，見てもらえる時間に投函

ポストを開けた時に１番上にチラシがあると見てもらいやすい。

朝早めとか、主婦が買い物する時間帯とか
地域ごとのベストタイミングを覚えるべし！

3，マンションよりも戸建優先

戸建のほうが購買力が高いのと、マンションは見ずに捨てる確率が高い。

4，住人に会ったら笑顔であいさつ

ポスティング中に住人に会えるのは実は大チャンス。

あいさつをしてリアクションが良かったら、チラシを直接渡してオススメしたり、仲良くなると家の購入を考えている知り合いを教えてくれることもある。

長話にならないように気を付ける！

5，ポスティング禁止場所、クレームに注意

ポスティング禁止の紙が貼ってある所には投函しないこと！

貼ってないところでも住人にやめてと言われたら
丁寧に謝って、営業所内で禁止の旨を共有する。

真の選ばれし者にしか出来ない
究極のポスティングを目指せ!!

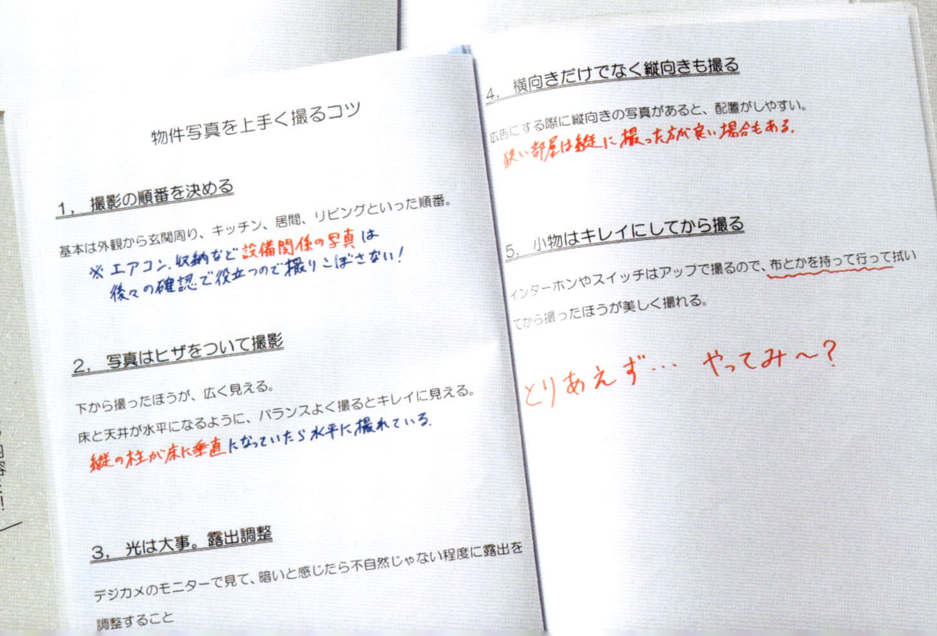
物件写真を上手く撮るコツ

1，撮影の順番を決める

基本は外観から玄関周り、キッチン、居間、リビングといった順番。

※エアコン、収納など設備関係の写真は
後々の確認で役立つので撮りこぼさない！

2，写真はヒザをついて撮影

下から撮ったほうが、広く見える。

床と天井が水平になるように、バランスよく撮るとキレイに見える。

縦の柱が床に垂直になっていたら水平に撮れている。

3，光は大事。露出調整

デジカメのモニターで見て、暗いと感じたら不自然じゃない程度に露出を調整すること

4，横向きだけでなく縦向きも撮る

広告にする際に縦向きの写真があると、配置がしやすい。

狭い部屋は縦に撮った方が良い場合もある。

5，小物はキレイにしてから撮る

インターホンやスイッチはアップで撮るので、布とかを持って行って拭いてから撮ったほうが美しく撮れる。

とりあえず… やってみ〜？

めちゃくちゃ役に立つ内容…！

武蔵→春田 | 営業日報

営業日報			
日時	平成30年4月20日	氏名	春田　創一
営業所	東京第二営業所	部課名	営業部

時間	項目	内容
10:00	電話営業	顧客リストから電話営業
15:00	ポスティング	牧を連れてポスティング。途中、連絡があり牧にポスティングを引き継ぐ
16:00	クレーム対応	栗林物件のオルドーマンションのクレーム対応。上の階からの水漏れということで、業者を手配。作業は完了済み

コメント（4/16）

お疲れ様でした。今日のMTG、議事録をお願いします

コメント（4/17）

お疲れ様でした。休み明けに新規物件が追加されるので、登録お願いします

コメント（4/20）

今日もお疲れ様でした。ポスティングの指導、クレーム対応ご苦労様です。後処理はこちらでやっておくので、後日報告書だけお願いします。ところで、明日は定時で上がりますか？

確認	
課長	部長
	（印：黒澤）

コメント（4/21）

お疲れ様でした。以前話していた顧客リストの見直しの件について春田の意見を参考にしたいので、飯でも食いながら話せたらと思っています。ランチミーティングにしましょう。駅前に静かな日本料理屋ができたので、そこにしようかと思っています。

コメント（4/22）

今日もご苦労様。クレーム対応、穏便に解決したようで、良かったです。今日は電話営業お疲れ様でした。ずっと喋りっぱなしだと顎が痛くなるよね。大丈夫ですか？連日残業が続いているようなので、体調を崩さないように気をつけて。突然ですが、春田は卵焼きは甘い派？甘くない派？目玉焼きは醤油派？ソース派？長く一緒に働いていてもこういうことは知らないので聞いてみました。

コメント（4/23）

外回りお疲れ様。栗林と牧に、先日クレームのあった周辺にポスティングする際は気を付けるように伝えておいてください。よろしくお願いします。今日はなんだか寒かったですね。独り身には堪えますね。連絡くれれば、いつでも会いに行きます。ちなみに今日の春田のネクタイ、とっても素敵だったよ。すぐに外回りに出てしまったのであまり見られなかったのが残念です。ネクタイといえば、よく買いに行くお店があるんだけど、今度一緒に行きませんか？

コメント（4/24）

今日もお疲れ様。この前は顧客リスト見直しの件で、意見を聞かせてくれて助かったよ。ありがとう。そういえば、俺への電話営業はまだですか？待っています。ところで昨日はネクタイが素敵だと言ったけど、今日は下着が素敵だったね
春田にとっても似合っていると思います。下着はデザインだけじゃなく、肌触りや機能性も大事だからね。今度ネクタイと一緒に下着も買い、できれば俺とお揃いにしてもらえると嬉しいですが、それは追々ということで
明日は休みですね。ゆっくり休んでください。

コメント（4/26）

本日19時　大場海浜公園にて待つ　黒澤

この日ついに、武蔵がはるたんに告白！

業務を記録する日報。前はハンコを押すだけだった部長チェックが、だんだん長文コメントに…！

隣のマロの日報は部長印だけなのに！

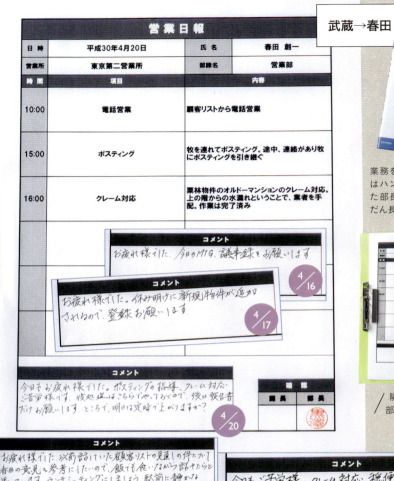

武蔵←→春田 | メール

連投したり長文を送ってしまいがちな武蔵…。
春田はアイコンもゾイドだった。

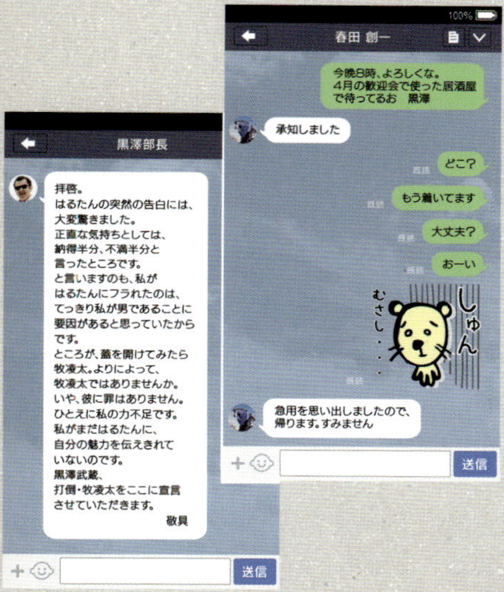

武蔵 | 手帳＆観察日記

武蔵がスケジュールを管理している手帳。5月3日
は春田と「宣伝戦略の話」をする予定のはずだが…?

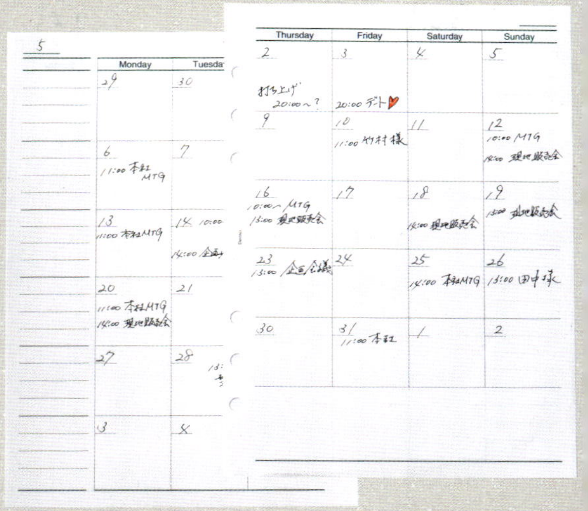

蝶子が発見した〝不倫の証拠〟。春田の行動が記録されているらしい。

牧→春田 | カレーメモ

牧が作り置きのタッパーに貼ったメモ。
1年後に出てきて、春田の心を動かす。

春田→ちず | お願いメモ

飲み会でちずに「彼女のフリ」を頼んだ春田。この内容、どこから思いついた⁉

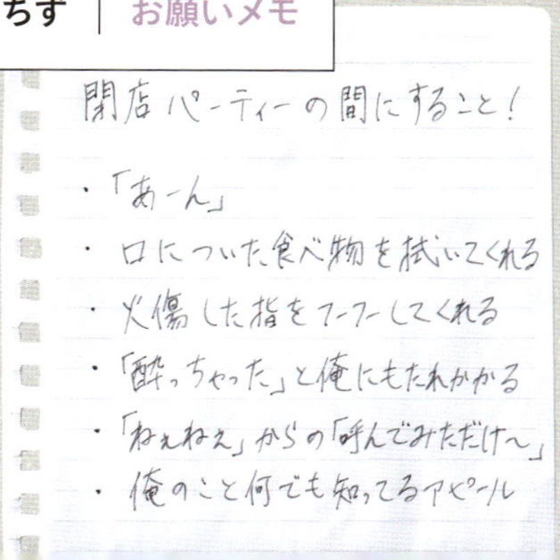

ずっと牧を諦められなかったけど、
最後は主任として「幸せになれよ」って
背中を押すことができた

ましま・ひでかず◎ 1976 年山形県生まれ。1999 年、李相日監督の映画『青～ chong ～』でデビュー。以降、多数の映画やドラマ、舞台に出演。

眞島秀和さんと考察する

“武川という男”12の裏設定

仕事ぶりは完璧、牧のことになると感情が制御不能。
それ以外のことはかなり謎めいている、武川政宗44歳。
私生活は？　どんな過去が？　気になるバックグラウンドを、
武川を演じた眞島さんと一緒に考察（妄想？）してみました。

1 牧が営業所に来た日

武川は主任ですから、牧の異動のことは事前に部長から聞いていたはずなんです。動揺したでしょうね。当日もきっと、なんとも言えない朝を迎えていて…。1話で部長が「ああ、着いたか」と携帯電話で話しているときも「来たな」って思っている。一瞬しか映らないですが、かなり真顔で牧を見つめています。必死に平静を装っていたんです。

2 牧との恋

最初からタイプで、だからOB訪問での態度にイラッときたんじゃないかな。再会してホームページの自分の言葉を褒められたときはめちゃくちゃうれしかったはず。きっとあのあと飲みに行って、そこからはじまったんでしょう。転属してきたときは“過去の恋”だと割り切り距離をとっていたけど、春田と同棲していると知って火が付いちゃったんでしょうね。お互いに素晴らしいパートナーだっただろうから、すぐに他の誰かを好きになって一緒に暮らしはじめるわけがない、と思っていたのでは。

ふだんは冷静な武川が、足ドンとか土下座という振り切った行動に出ることについては、ドラマの構成上必要なコメディパートだと思っていました。武川の真面目さやクールさが際立つほど面白くなるから、後半の展開を見越してはじめのほうはわざと〝ちょっと厳しい武川さん〟を演じていたんです。

3話の飲み会で、春田と牧が同棲していると知って「楽しそうだな」と言うセリフが、おそらく見ている人が初めてこのキャラクターに違和感をもつところ。どう言うかすごく悩んで、無理して出てきた言葉に見えたらいいなと思って演《や》りました。店の外で「説明になってないだろ！」とゴミバケツを蹴るところは、ちょっとやりすぎたかなと思ったんですが、牧が主任に叱責されているように見えないといけないし、でも本当はまだ牧に未練があって、牧が他の誰かと暮らしはじめたことに苛立っているという…。物語の流れと武川の心理状況を考えてやったんです

3 春田に対して

4話での春田へのスキンシップは、たぶんこっち側の人間か見定めていたんでしょう。そうじゃないとわかって「牧から手を引いてくれ」と土下座までしますが、最後はちゃんと「まだ牧の心の中にはお前がいる」と春田の背中を押す。牧の幸せも春田のことも思っているところが、主任たる感じでいいですよね。

4 部長との関係

奥さんとも知り合いだし、かなり長く部長の下でやってきて、強固な信頼関係を築いていると思います。包容力があり「頑張れ、挑戦してみろ」と言う部長と、厳しいことを言いながら部下が結果を出せるよう指導する主任、いいコンビネーションですよね。マロみたいな新人もうまくコントロールしてそうだし。営業成績が関東トップにもなるわけです（笑）。

5 牧は最後から何番目の恋？

最後だとしたらかわいそう…。牧みたいに若い人とはもうないだろうけど、今度は歳が近い人で、昔なにかありかけた人と巡り会えたらいいですね。前はお互い相手がいたりしてタイミングが合わなかったけど、「あれ、気付いたらお互いフリーだね」みたいな。

6 恋愛遍歴

牧に「あっち側の人間を好きになっても、幸せになることは絶対にない」と言ってたくらいだから、自分もそういう経験があるんでしょうね。きっと若い頃、もしかしたら大学生くらいなんじゃないかな。でも、叶わなかったんでしょう。

7 愛車

家族をもつつもりがないから、車にお金をかけられるし、遊びがあるものを選んでいそう。BMWの4シリーズ、カブリオレとか。でも色は派手ではなく、シルバーで。

8 住まい

1LDKのマンションで、リビングがやや広めだけど必要以上な感じではなく。意外とウッディなインテリアだったり。植物を置いていそう。

9 好きな映画

休みの日にホームシアターで高倉健さんの作品を繰り返し観ていそう。途中で「あれ、あのへんホコリたまってるな」って気付いて、一時停止してそのまま掃除をはじめたりして。

が、結果ちょっときつめになっちゃいましたね…。

4話で本格的に動き出しますが、トイレのシーンも春田に「えっ？」と驚かれながら武川が無表情で覗き込み続けているのが面白いんですよね。撮影はオンエアより長くて、圭くんのリアクションに無表情で耐えるのが本当にキツかったですけど（笑）。

びっくりするような行動も「武川さんらしい」となるように、描かれない部分を自分なりに考えていました。台本の「足ドンで止める武川」という一行も、「牧のことでいっぱいいっぱいになっていて、非常に情緒不安定になっているんだろう」と整理をつけて、武川ならこれくらいやるなと考えたらあの高さになりました。まぁまぁ無理して上げています（笑）。土下座はもう、ただただ必死で。懇願ですよね。牧のことに関してだけ、心の乱れをコントロールできないんです。

お見舞いに持っていったみかんゼ

"自分の好きな仕事をするんじゃない。

自分の仕事を好きになるんだ"

by 武川政宗

10 本棚のラインナップ

仕事に役立つ難しめのビジネス書をしっかり読んでいそう。あとは渋い歴史ものが好きで、徳川幕府のマイナーなほうの何代目かの将軍にだけ詳しいとか。

11 潔癖＆几帳面になった理由

僕自身と重なるところがあるので推測すると、長男で、母親がいつも家をきれいにしている人だったからじゃないかな？　手を洗いなさいと言われたり、毎日掃除している姿をみて、自然とそうなった。

12 独身貴族のある１日

ルーティンがありそうですよね。朝バタバタしたくないから必ず６時半には起きて、シャワーを浴びて、週に２回はお弁当を作って会社に行く。月曜と火曜かな。木曜は定食屋、金曜は蕎麦屋、とか決めて、水曜はフリーにしておいて。仕事がおわったら週２か週３で24時間やっているジムに行くようにしていて、週１で熱帯魚の水槽の水換えとかして。それなりに充実してるんだけど、合間でふと、さみしくなるときがあるんです…。

リーの量も、多すぎますしね。あのときは牧の風邪が本当に心配で、春田がちゃんと看病できないだろうから、行ったんだと思いますけど。

そうやっていろいろ不安定になったこともありましたけど…最後はちゃんと牧の幸せを思って送り出した武川さん。すごくさみしいだろうけど、きっとそういうことにも折り合いをつけられる年齢なんでしょうね…。

Sごはん対決

ともに生活力が高く、
料理の腕でもしのぎを削るふたり。
何度も春田に「うめ〜」と言わしめた
注目のメニューを詳細解説。

牧 凌太の料理プロフィール

子どものころから料理上手の母親を手伝っているうち、自然と腕前が上がった。母不在の日に家族のごはんを作ることも。時短技を熟知。

健康を支える バランス弁当

menu 〈上〉肉団子、ブロッコリー、卵焼き（甘め）、にんじんと大根の煮物、ソーセージ、プチトマト、ほうれんそうとコーンのバター炒め　〈下〉ごはん（実は２層になっていて、真ん中に海苔としょうゆで味付けした鰹節をイン。上には、のりたまふりかけ）　point　肉と野菜がバランスよくとれるよう配慮。惣菜系は週に２回ほどまとめて作り置きし、日々の弁当や食卓に利用。エネルギーチャージできるようごはんたっぷり、飽きないように味付けを工夫。

ふっくらジューシーから揚げ

袋で揉みこむと手も汚れず、ムラもできず一石二鳥。粉を薄力粉のみにすることで、ふっくらジューシーに。

材料（２人前）
鶏もも肉… 400g ／ 塩・こしょう… 適量／ おろししょうが… １かけ分／ おろしにんにく… １かけ分／ 濃い口しょうゆ… 大さじ１と 1/2 ／ みりん… 大さじ１と 1/2 ／ 薄力粉… 適量／ 揚げ油 … 適量

作り方

1. 鶏もも肉は余分な脂肪と筋を取り除き、一口大に切ってポリ袋へ入れる。

2. １に塩・こしょうを加えてよく揉んだら、おろししょうが、おろしにんにく、しょうゆ、みりんを加えてさらによく揉みこみ、袋を閉じて冷蔵庫で 30 分以上漬け込み味をなじませる。

3. 薄力粉をまぶし、中温で揚げる。途中で一回から揚げを持ち上げ、空気に触れさせる。

牧のから揚げ、マジでウマいんだよな〜。弁当はごはんがめっちゃすすむ味付け。実はちょっと俺には量が足りないんだけど、贅沢は言えない。

待望のレシピ紹介！ **牧と武蔵の**

黒澤武蔵の料理プロフィール

社会人になって一人暮らしをはじめ、必要にかられてはじめた自炊にハマり、いっときは料理教室にも通っていた。包丁スキルがやたら高い。

愛を伝える はるたん弁当

menu〈右〉海老とそら豆の炒め物、たこさんウインナー、ブロッコリー、ラディッシュ、肉そぼろ・炒り卵・桜でんぶの3色ごはん、チーズ　〈左〉にんじんといんげんの豚肉巻き、煮物（こんにゃく、しいたけ、たけのこ、れんこん、きぬさや、にんじん）、から揚げ、だし巻き玉子（甘くない）、チーズカニカマ、菊花かぶの酢漬け

point オブラートで食用色素を転写した絵と文字で愛を表現。めっちゃ早起きして作った。

え、なんで作ってきたの？なんで似顔絵？って驚いたけど、めっちゃおいしかった！ケンカがはじまって全部食べられなかったけど…。

カリッと香ばしから揚げ

塩こうじを使ってうまみアップ。片栗粉をまぶすことでカリッと感ロングキープ。にんにくは入れない主義。

材料（2人前）

鶏もも肉… 400g ／ 塩・こしょう… 適量／ おろししょうが… 1かけ分／ 塩こうじ… 大さじ2 ／ 酒… 少々／ 薄力粉… 大さじ3 ／ 片栗粉… 大さじ3

作り方

1. 鶏もも肉は余分な脂肪と筋を取り除き、一口大に切りボウルへ入れる。

2. 塩・こしょうを加えてよく揉みこみ、おろししょうが、塩こうじ、酒を加えてさらに揉みこんだら1時間以上漬け込む。

3. ボウルに薄力粉を入れて全体にいきわたったら、片栗粉を一つずつまぶして中温で揚げる。途中で一度取り出した後、高温にして揚げることでカリッと仕上がる。

牧ごはん！

お腹も心も満たされる家庭料理を、
毎日たんたんと作るのが牧流。
曰く「カロリーとかバランスが大事なんで」。

#4　牧がちょっと怒ってた朝ごはん

menu スクランブルエッグ、ソーセージ、トースト、ベビーリーフとミニトマトのサラダ、トマトスープ、オレンジ　point スクランブルエッグは、生クリームを入れてクリーミーに。

NO PHOTO
濃かったですか？味付け〈牧〉
いやいや、ウマイっす〈春田〉

#4　「破壊神！」で転んだ日の晩ごはん

menu 肉じゃが、きんぴら、白和え、ごはん、味噌汁キウイ　point ちょっと高めのいい牛肉を使った肉じゃがだった。牧は、三角食べの達人。

牧、俺も食べたい…

#4　ちずのためのパスタ

menu 鮭と枝豆のクリームパスタ、キャベツとツナの和えもの、卯の花、野菜たっぷりコンソメスープ
point 冷凍庫にあった余りもので作ったパスタとスープ。惣菜は作り置き。　➡ パスタのレシピは P.74

なにこれ、うめー！

#1　初めて二人で囲む食卓

menu から揚げ with レタスとレモン、ベーコンのポテトサラダ、しめじと油揚げと小松菜の煮びたし、ごはん、わかめと長ネギの味噌汁、グレープフルーツ
point ファーストディナーはやっぱりから揚げ。

#2　シャワーキス翌日の朝ごはん

menu 目玉焼き（半熟）、ソーセージ、レタスとトレビスとミニトマトのサラダ、トースト、かぼちゃスープ、ストロベリーソースをかけたヨーグルト、ぶどう
point スープも手作り。裏ごししてなめらかに。

くっそー…超うめぇ…

#2　レンチン用作り置きカレー

menu 欧風ポークカレー（中辛）　point 肉にはしっかりと下味をつける。ブイヨンで煮た、うまみたっぷりなカレー。

➡ カレーのレシピは P.74

神ワザ光る 武蔵ごはん！

カッティングテクがすごいので、
見た目に華やかな料理もお手のもの。
得意ジャンルは和食とイタリアン。

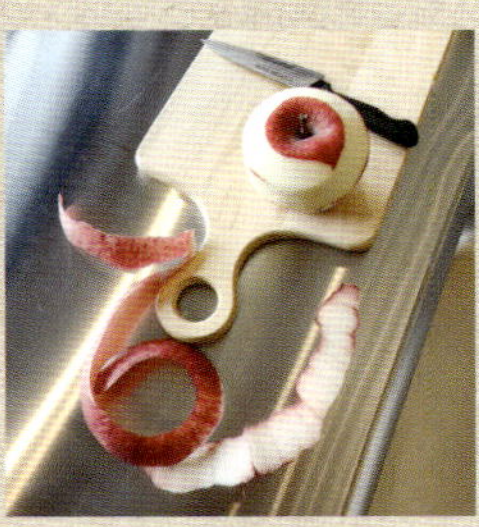

モデルルームのキッチンで、春田の目を見つめながら剝いたりんご。いっさい手もとは見ていなかった。なお、かなり高級なりんご。

朝からちゃんと出汁をとるのが武蔵流。この日のメニューは鮭の塩焼き、じゃことピーマンの炒めもの、ひじき、切り干し大根、甘くないだし巻き玉子、ぬか漬け、ごはん、味噌汁。お揚げがハートなのがポイント。ぬか漬けは自家製で、毎日ぬか床を混ぜている。

ちょっと凝った料理もササッと作ってしまう。カサゴとはまぐりのアクアパッツァは、最後にエキストラバージンオリーブオイルを豪快にかけて風味付け。 ➡アクアパッツァのレシピは P.75

これが噂の

#6 カミングアウト当日の晩ごはん

menu から揚げ with ルッコラ、じゃがいものバター炒め、じゃことキャベツの炒め和え、ごはん、味噌汁、パイン　point から揚げは牧の得意料理であり春田の好物なので、頻繁に食卓に登場。

#6 病気の牧が作った晩ごはん

menu コロッケ with ミニトマトとパセリ、さやいんげんの卵とじ、きんぴらごぼう、ごはん、味噌汁、チキンサラダ with ごまだれ　point キスに慌てた春田が間違えてコロッケにごまだれをかけるも、意外とおいしかったらしい。たくさん作ってあり、揚げる直前のものは冷凍庫に保存。 ➡コロッケのレシピは P.74

ちなみに…
#6 牧の実家ごはん

「夕飯、食べてくでしょ？」と牧の母親が作ったのはやっぱりから揚げ。牧の作るから揚げとまったく同じレシピで同じ味。他メニューは魚の南蛮漬け、にんじんシリシリ、野菜と豚肉のあんかけ。ぶどうを付けるのが牧家らしい。

牧が作るのと
同じ味！

鮭と枝豆のクリームパスタ

材料（２人前）
パスタ… 200g ／ 鮭… １切れ／ 枝豆（冷凍）… 200g ／ たまねぎ… 1/2 個／ 生クリーム… 200cc ／ バター… 5g ／ 塩・こしょう… 適量

作り方
1. パスタはたっぷりのお湯に塩（分量外）を入れ、表示通りの時間ゆでる。
2. たまねぎはみじん切りに、枝豆は解凍してさやから出す。
3. **2** のたまねぎをバターで炒め、そこに皮と骨を取り除いた鮭を加えてほぐしながら炒める。
4. 鮭に火が通ったら生クリームを加え、沸騰してとろみが出てきたら、枝豆を加え塩・こしょうをする。
5. **4** にお玉一杯くらいのゆで汁とパスタを加え、和えたら出来上がり。

point 鮭の塩加減によって塩の量を調整。春田家は冷凍庫が充実しているので、冷凍してあった鮭と枝豆で調理。

ほくほく定番コロッケ

材料（２人前・６個）
じゃがいも（男爵）… 大６個／ たまねぎ… 1/2 個／ 合い挽き肉（豚 7: 牛 3）… 50g ／ 卵… １個／ 塩・こしょう… 適量／パン粉… 適量／ 薄力粉… 適量／ 揚げ油 … 適量

作り方
1. たまねぎはトロッと感がアップするように、繊維を断つよう薄切りにする。じゃがいもはホクホク感が出るように、皮ごと水からゆでて皮をむき、ボウルで潰しておく。
2. **1** のたまねぎと挽き肉を炒め、潰したじゃがいもと混ぜ合わせ、塩・こしょうで味を調える。
3. 小判形に成形し、冷蔵庫で 30 分〜１時間ほど休ませる。
4. 薄力粉→溶き卵→パン粉の順で衣をつけ、180 度の油で揚げる。

point 牧はいつも多めに作り、パン粉をつけて冷凍しておく。その場合は、170 度の油で揚げる。

欧風ポークカレー（中辛）

材料（２人前）
豚肉ブロック… 100g ／ たまねぎ… １個分／ にんじん… １本分／ ブイヨン… 500cc ／ カレールウ（フレーク状）… 40g ／ ターメリック… 適量／ 塩・こしょう… 適量

作り方
1. 豚肉は一口大に、たまねぎはくし切りに、にんじんは乱切りに切る。
2. **1** の豚肉にターメリック、塩・こしょうをまぶし炒める。
3. **2** の表面に焼き色がついたら、**1** のたまねぎとにんじんを加えて炒め、ブイヨンを入れて煮る。
4. 30 分くらい煮込んだら、カレールウを加えてさらに煮込む。
5. 仕上げに塩・こしょうで味を調える。

point ルウはフレーク状を愛用。固形のものを使うときは包丁で砕いて入れるとダマにならず、濃度を調整しやすい。

カサゴとはまぐりのアクアパッツァ

材料（2人前）
カサゴ（小）…2尾／はまぐり…10個／カラフルミニトマト…15個／ブラックオリーブ（種なし）…20g／にんにく…1かけ／タイム…2本／白ワイン…200cc／水…100cc／エキストラバージンオリーブオイル…大さじ4／塩・こしょう…適量

作り方
1. はまぐりは塩水につけて一晩砂抜きしておく。
2. カサゴは内臓を取り出して、身の両面に切れ込みを2本斜めに入れて、塩・こしょうをする。
3. フライパンにオリーブオイル大さじ2、スライスしたにんにくを入れ、火にかける。
4. にんにくの香りが出てきたら、**2**のカサゴとタイムを入れて強火で両面焼く。
5. ブラックオリーブ、ヘタを取ったミニトマト、はまぐりを入れたら、白ワインと水を回し入れ、蓋をする。
6. はまぐりの殻が開いたら蓋を取り、さらに10分ほど煮込み、塩で味を調える。
7. 最後にオリーブオイル大さじ2を回しかける。

point まわりの汁をお玉でかけながら煮込むと身がふっくらする。仕上げにオリーブオイルを回しかけて風味をアップさせる。

あーウマかった。
ごちそうさま
でした！

What's 春田ごはん？

風邪の牧のために卵粥を作ろうとしたのに、なぜかモチに。ネギも頑張って切りました。うすーい塩味がしたとかしないとか。

いやなんでモチになるねん…

おっさんずラブ ロケ地ガイド

笑って泣いて、うれしくて悲しくて…
数々の名シーンが生まれた場所はここ！

#2 牧が春田におでこキスをした公園

ほほえみ公園
日野市南平 2-31-6

#3 蝶子が春田を呼び出したカフェ

カフェ ルビーオン青山
渋谷区渋谷 2-2-17
TranceWORKS
青山ビル 1F
☎ 03-6427-4412

#3 部長、春田、蝶子が鉢合わせしかけた店

キリストンカフェ
新宿区新宿 5-17-13
オリエンタルウェーブビル 8・9F
☎ 050-5852-1836

#3 武蔵が蝶子にカミングアウトした店

アゼリア
伊勢原市田中 101
☎ 0463-93-9818

#4 部長が春田にフラれた夜景の素敵な場所

有明北緑道公園
江東区有明
1丁目・2丁目
（#1と同じ場所）

#4 ちずがわんだほう奪還のお礼にケーキを買った店

アニバーサリー早稲田店
新宿区早稲田
鶴巻町 519
☎ 03-5272-8431

#1 春田、牧、マロがアパレル女子と合コンした店

MEDUSA
渋谷区恵比寿 1-8-12
EBISU Q PLAZA B1
☎ 03-6408-6688

#1 武蔵が蝶子と結婚 30 周年のお祝いをした店

銀座水響亭
中央区銀座 7-5-4
毛利ビル B2
☎ 03-3569-2710

#1 舞香が目撃した武蔵と蝶子のデート場所

中央区立明石町河岸公園
中央区明石町 8 番先

#1 鉄平が店主をつとめる居酒屋わんだほう

居酒屋たつみ
品川区東大井 6-16-9
＊ 2018 年6月に惜しまれつつ閉店

#1 部長が春田にバラの花束で告白した場所

有明北緑道公園
江東区有明
1丁目・2丁目
（#4と同じ場所）

#2 10 年前、春田が部長をシンデレラにした公園

稲毛海浜公園 浜の池
千葉市美浜区高浜
7丁目
☎ 043-279-8440

#6 ちずが春田に告白した場所

水の広場公園
江東区青海１丁目、
青海２丁目、
有明３丁目

© 東京港埠頭（株）

#7 部長がフラッシュモブでプロポーズした場所

かずさアカデミアホール
木更津市かずさ鎌足
2-3-9
☎ 0438-20-5555

#7 蝶子とマロが二人でグラスを傾けたバー

ハイアット リージェンシー 東京 バー「オードヴィー」
新宿区西新宿 2-7-2
☎ 03-3348-1234

#7 ちずが牧の気持ちに背中を押した場所

つばさ橋
江戸川区清新町２丁目
～臨海町１丁目

#7 牧と春田がすれ違ってしまう待ち合わせ場所

春海橋公園
江東区豊洲２丁目

© 東京港埠頭（株）

#7 部長と春田の結婚式場

ハミルトンホテル かずさ
君津市中野 4-6-28
☎ 0120-51-8365

#7 春田が牧を見つけてプロポーズした場所

富士見橋
江東区有明１丁目

#5 春田と牧がショッピングデートした場所

キャットストリート
渋谷区神宮前
５丁目・６丁目

#5 春田が牧とのデートで服を買った店

GGD 原宿店
渋谷区神宮前 3-21-12 ナカタビル 1F
☎ 03-5771-5677

#5 春田が牧を誘ったラーメン屋

東池袋 大勝軒 本店
豊島区南池袋 2-42-8

#5 ちずとマロがデートしたパンケーキの店

Cafe & Restaurant Blue Moon
横須賀市津久井 1-4-7
☎ 046-847-2330

#5 ちずが春田に告白しようとした海岸

三浦海岸海水浴場
京浜急行線三浦海岸
駅下車徒歩３分

#5 離婚届を出した武蔵と蝶子の最後のデート場所

横浜大さん橋
横浜市中区海岸通
1-1-4

#5 春田が牧に「一緒にいることは恥ずかしくない」と伝えた場所

呑川親水公園 伊勢橋
世田谷区深沢７丁目
先

キャスト、スタッフ、みんなの愛の積み重ね

おっさんずラブ 制作秘話

視聴熱１位に始まり、ツイッターの世界トレンドランキング１位を２週連続で獲得。
最終回放送終了後の翌週も、ファンの熱いツイートは冷めやらずトレンド入り！
そんな大人気ドラマの制作の裏側を、脚本家とプロデューサーの二人が明かす。

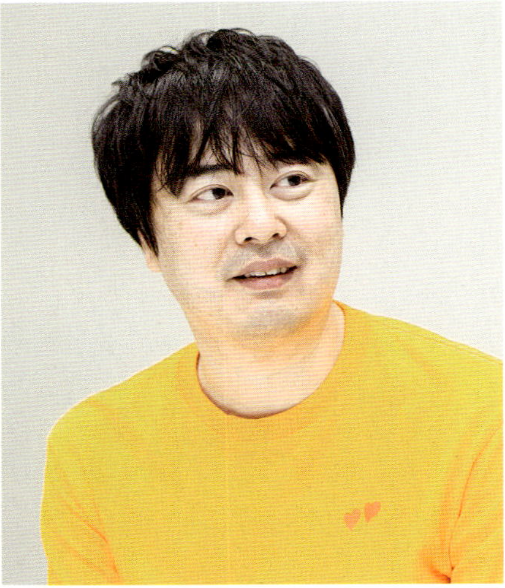

脚本家
徳尾浩司

×

プロデューサー
貴島彩理

「おっさんずラブ」のはじまり

徳尾　貴島さんがまだ18、19のころ、僕の劇団の制作スタッフにたまに来てくれていたんですが仕事はそれ以来したことがなくて。貴島さんがテレビの仕事をしているのはもちろん知っていたんですけど、「おっさんずラブ」の単発スペシャル版のときに初めて声をかけてもらったんですよね。

貴島　私は「とくお組」のお芝居がものすごく好きで、いつかお仕事をご一緒してみたいなというのは、この仕事についたときからずっと思っていました。初めて自分の企画のドラマをやれるとなったときに、徳尾さんに突然お電話して。

徳尾　そうそう。僕は貴島さんを覚えていたけれど、逆に覚えていてくれたんだ、という感じでした。

貴島　私も、覚えていてくださったんだ、と思ってました！

徳尾　単発のときは若手プロデューサー3人による3夜連続の挑戦企画で、貴島さんはその中の一人だった。貴島さんの中でもいくつか企画があって、その一つが「おっさんずラブ」。貴島さんの企画書は、世界観やあらすじ、こういうキャラクターがいてとか、とても具体的ですごく上手な企画書だった。「やるなら絶対これをやりたい」と言った記憶がある。

貴島　ええっほめられた…（照）。

徳尾　ほめるでしょ（笑）。

貴島　単発ドラマは、私たちのあのころのベストを尽くしたつもりです。でも連続ドラマにするなら改めてどうすべきか。キャラクターをもっと増やそうか、舞台をどこにしようか、恋愛ドラマとしてラストどこまでやろうか、というのを最初に話しましたよね。

徳尾　まずどこからストーリーをはじめるかということも悩んで。単発版の続きをやるのか、それともまったく新しい話なのか。じゃあ、まったく新しい話だとしても、トイレで壁ドンとか、お風呂場でキスするとか、単発のときに面白かったことはやりたい。かといってなぞってると思われるのも嫌だし。

貴島　悩みましたね。単発のときの長谷川《ハセ》というキャラクターもすごくみんなで大事にしてきたんですけど、彼と春田の話は完結していて、きっとどこかで幸せに暮らしてるよね、と。そうなったときに連ドラはやっぱり〝恋に落ちる〟ところからはじめたかった。

徳尾　そうですね。去年の早い段階から連ドラの脚本にとりかかって、1、2、3話を行ったり来たりしながらいろんなエピソードを考えてましたね。最初はショッピングモールを作る話でした。

貴島　うどん屋さんが出てきて…。

徳尾　そう、ショッピングモールを建てるために老舗のうどん屋さんに立ち退いてもらわなきゃいけなくて。

貴島　うどん屋さんの頑固なおじいちゃん店主を口説きに行った春田が、一生懸命店を手伝ってたら、小麦粉の袋が落ちて来て、真っ白の粉だらけになるとか（笑）。

徳尾　そもそも舞台をスーパーにするかという案も出ましたよね。

貴島　単発ドラマはアイデアグッズの商品開発だったので、スーパーのお惣菜売り場の社内恋愛にしたらどうか、とか。黒澤が白帽・白衣着てて、スーパーバイザーが出てきたり。

徳尾　ねえ（笑）。でも最終的に、不動産の営業所を舞台に、街の人々と触れ合うのがいいんじゃないか、ってことになって。

貴島　誰かの〝人生〟に寄り添う仕事で素敵じゃないか、というところに落ち着きましたね。

徳尾　新しいキャラクターとしてどんな人が必要かについてもよく話をしました。最初は巨乳の若い女子社員もいたり、舞香さんはいわゆるいい女キャラの設定だったり。

貴島　そうそう。

徳尾　基本7話までのビジョンが最初にあって、細かいところ、やりたいところを積み上げていった感じですね。

貴島　全体として、結婚式までやろう！親御さんへの挨拶もやりたい！　というところからはじめて、あとはキャラクター作りをして、走らせながら決めていきました。最初は徳尾さんと私と女性プロデューサー3人の5人で話をして、最終決定稿になる前に監督に来ていただいて。

徳尾　内容について真剣に話をしているんだけど「お茶会みたいですね」って言われて…。

貴島　打ち合わせなのに笑いすぎてドラマ部で「何の話してるの？」って聞かれたり。

徳尾　そうそう（笑）。別にふざけているわけではなくて、お互いの恋愛のことをさらけ出しながらエピソードを深めていったから、「貴島さんそれバカだなあ」って突っ込んだり。

貴島　取材では私と徳尾さんばかり取り上げていただいてるんですけど、他のプロデューサーの3人もすごい方々なのです。

徳尾　めっちゃ、面白いんですよね。

貴島　本当に魅力的で！　たとえば私は結婚していないので、武蔵と蝶子の夫婦愛の部分を想像するのは難しくて。でも、先輩方がびっくりするアイデアをくださったり、突然名言を発したり。

徳尾　そうそう、結婚に関する名言ね。

貴島　感動して「なんか深いっすね」って言ったら、「何が深いの!?」って返されたりして（笑）。

徳尾　ほんとに。

貴島　それがそのままマロのセリフに(笑)。7話の「ただいま」「おかえり」の台詞も〝どっちが先か論争〟が勃発したり、アイシテルのサインのジェネレーションギャップ現象が打ち合わせで実際巻き起こったり。そんな関係性が、脚本に反映されたりしています。

王道の恋愛ドラマをやる

徳尾　今回の脚本を書くにあたって、何かを参考にするということはありませんでしたが、昔読んだ少女マンガのキュンキュンする面白さを掘り起こした感じはあるかも。『ママレード・ボーイ』とか好きでした。

貴島　私もマンガ大好きです。

徳尾　あとは『天使なんかじゃない』とか。「りぼん」も読むけど、もちろん「ジャンプ」も読んでました。

貴島　特別参考にしたドラマはないのですが、月9だと「のだめカンタービレ」や古沢良太さんの「デート」、あとは「花より男子」「世界の中心で、愛をさけぶ」「ラストシンデレラ」などがすごく好きで、当時熱狂していました！

徳尾　見てた見てた。

貴島　監督とも「恋愛ドラマにこういうシーンあるじゃないですか」とよく話していました。

徳尾　うんうん。

貴島　私たち二人ともドラマやマンガが大好きですよね！

徳尾　ドラマ好き、マンガ好きの血が流れているんですよ。だから「なんか言いそうで言わない」「気持ちがすれ違う」みたいなシーンは好き。

貴島　「必ずしも連絡がとれない」とか「振り返ったらいるのになぜか見ない」とか。

徳尾　「なのにここは偶然見ちゃう」とか。

貴島　「走って探していると、なんで見つかるかわからないけど必ず見つかる！」とか。

徳尾　そういうシーンを徹底的に入れて、それを「おっさん」がやる恋愛ドラマにしようと。

貴島　「おっさん」が王道をやるんだと。

生きたキャラクターを作ったキャスト

貴島　単発ドラマのとき、初めて田中圭さんにお会いして。一緒に過ごすうちに、何だかはるたんに近いというか、〝天性の愛され体質〟のお方だなと思いました。もちろんお芝居や現場に向ける熱量には、あのころも今も尊敬の念しかありません。そもそも圭さんや吉田鋼太郎さんは、私のような若手が深夜の単発ドラマでお声掛けしてよいものか…と悩むくらいのレベルの方だと思っていたので。

徳尾　うん。

貴島　特攻みたいな気持ちでお願いしたのですが、快くご出演頂いて。本当に感動というか感謝しかありませんでした。

徳尾　すごいですよね。

貴島　連ドラにするにあたっては、コメディというより王道の恋愛ドラマだと強く意識しました。おっさん同士という設定に目がいきがちですが「人が人を好きになるというのはどういうことか」という普遍的なテーマを、まっすぐやりたかった。だから、お芝居力もあって、真摯に役と向き合ってくださる真面目な方とお仕事できたらいいなと。そう思ったときに林遣都さんに演じて頂けたら、素敵な化学反応が起きるのではないかと思いました。

とくお・こうじ◎1979年福岡県生まれ。慶應義塾大学卒。劇団とくお組主宰。「あいの結婚相談所」「きみが心に棲みついた」などドラマ、映画、舞台の脚本を手がける。

徳尾　脚本を書くころには大体キャスティングが決まっていたので、役者さんが他のインタビュー映像でしゃべっている様子や、たとえばこんなあくびをするなど、役者さんのことがわかっていると、キャラクターがとても豊かになるというか、書くときの自由度が増えるんです。舞香役の伊藤修子さんは舞台の人なので、一緒にやったこともあるし、こういう演技をするとか、こういうふうにしたらちょっと面白いとか、よく知っていました。

　逆に大塚寧々さん演じる蝶子さんは、映像を見てびっくりしました。そんなにかわいらしく脚本では書いていなかったのですが、寧々さんが演じると、こんなにかわいらしくてかっこいい感じになるんだって。

貴島　ほんと、めちゃくちゃかわいいですよね……！　これが「アリよりのアリ」だぁって！

徳尾　そうそうそう。

貴島　部長が振られるのを陰で見ている寧々さんが本番泣いていらっしゃって。スタッフもつられて涙したのも思い出です。

徳尾　すごかったよね。台本では「……」って、蝶子は二人を見ているだけなのに。

貴島　寧々さんの蝶子じゃなかったら、生まれなかったシーンだと思います。あと、私が驚いたのが眞島秀和さんです。武川主任の、あのテンション…？（笑）眞島さんはものすごく真面目で優しい方で、現場でもみんなのお兄さん的存在のムードメーカーなのですが、武川のお芝居がはじまると、急に音量5割増しで怒り出すから、一瞬みんな「えぇ⁉」って。なのに一周まわって切なくなるという…あの演じ方はすごいなぁと思いました。4話で春田にした土下座シーンも、それはもう猟奇的で。春田の気持ちを思うと困るし怖いのに、なぜかもの悲しいっていう…。でも、眞島さんは「僕はいつも脚本通りにやってます」っておっしゃるんです。

徳尾　あはははは。脚本通りといえば、昔からそうですけど、役者さんのアドリブって、ファンのみなさんは好きでしょう？　基本的に僕はアドリブってあまり好きじゃないんです。自分は舞台の演出家だし、勝手なことを若手の人がやり出したり、稽古にないことを本番中にやったらめちゃくちゃ怒る。そのために脚本を書いて稽古しているんだから、それを演じてほしいというのが基本のスタンスなんですね。

一方で、脚本通りやったって、脚本には限界があるとも思っていて。今回の田中さんと林さんに関しては、もうアドリブというレベルじゃない、と思いました。

きじま・さり◎1990年東京都生まれ。慶應義塾大学卒。2012年テレビ朝日入社。バラエティー部でAD、ディレクターを経験した後、ドラマ部へ異動。「オトナ高校」で連ドラ初プロデュースを担当。

貴島　そうですね。

徳尾　あの二人は憑依型の役者なのかなと思います。脚本を読んで意味を理解した上で、カットがかかったときに「はいもう終わり」ではなくて、春田ならこういう言葉が出ちゃう、牧ならこういうことをやってしまう、という役から生まれた思いや行動が無意識的に出てしまう。そういう脚本を超えた演技は、僕はめちゃくちゃ嬉しいんです。一辺倒のキャラクターだったら、カットがかかったらそれ以上は何も言えないし、何か言ったらそれは間違いになるけれど、今回は役者さんの中で役が生きているので、もうぶっちゃけ何をやったって正解なんです。そこまで役作りというものを深めてもらっていて、僕は毎シーン毎シーン感激していました。

貴島　結局誰よりも脚本を深く読み込んでくれているのは役者陣なのだと思います。リハーサルをやってみたら「このシーンでこのセリフがうまく出てこなくて…」という相談をされることもあって。でもそれは役を〝生きた〟結果としての悩みだなと。

徳尾　僕もキャラクターに対して勝負をし

ていて、こういうキャラだと思うって全力で書いてるし、演じるほうも、いやこのキャラクターは絶対にこうだっていう真剣なせめぎ合いがある。でもマウントを取り合っているわけじゃないんです。お互いがキャラクターを極限まで考えて、演じたらこうなったというのが、僕はすごくいい関係だと思うし、なかなかそんな役者さんには巡り会えないです。

貴島　そうですね。生きたキャラクター作りをしてくださったキャストのみなさんに感謝です。

最終話とその続き

徳尾　今回は一度も撮影現場に行けなくて、ＤＶＤが届くのを楽しみにしていました。このドラマは何回も見ちゃいます。表情ひとつとってもそうですし、セリフの言い方とか、演技に深みがあって、お芝居が面白い。7話の部長も本当にかっこよかった。

貴島　大人ですよね。あの結婚式のシーンは、唯一現場で泣いてしまった場面でした。プロデューサーとして冷静に見ようと思っていたのに、春田と部長の顔を見たら、つい涙があふれて。いつのまにか視聴者にさせられてしまった感覚を覚えました。屋上での部長と武川のラストシーンでは、急に鋼太郎さんが眞島さんの手を握って。あの、そうだともそうじゃないとも答えのない、大人同士の傷の舐め合いというか…誰よりもお互いの気持ちがわかるあの二人だからこそ生まれた空気は、本当に素敵でした。

徳尾　部長と武川の二人が絡むシーンは7話まで案外なかったので、最後の最後に書いていて楽しかったですね。もし最終回、部長と春田をくっつけていたらどうなったでしょうね。

貴島　どうなってたかな？（笑）でも有難いことに、放送後なのにインスタ「武蔵の部屋」のフォロワーが1万人増えていたりして。その新たな1万人はどこから来てくださったの!?と不思議でしたが、みなさん本当に部長に優しくて。失恋を慰めてくださる温かさに、逆に感動しました。

徳尾　その後の春田と牧は…。

貴島　上海で遠距離恋愛になっちゃうから、まあ春田がメールを返さなくて牧くんがプンプン怒ったりするんじゃないのかな？　わからないですけど！

徳尾　調べたら、上海は飛行機で3時間くらいの距離なんで、牧は休みの日に行きそうですよね。

貴島　確かに！

徳尾　そしたらね、牧くんにそっくりのヤツが向こうの営業所にいて。

貴島　なんですかそれ？（笑）もめるの？

徳尾　あははは。この流れ面白くないですか？

貴島　あとは、鉄平がメジャーデビューして、超有名になるとか！

徳尾　有名になるといいですよね。

貴島　で、マイマイがマネージャー気取りになったりして（笑）。

熱いスタッフたち

徳尾　演出も3人それぞれ重きを置いているところが違ってそれが楽しかった。映像の演出について僕はあまりわかっていないので外れているかもしれないけど、瑠東監督はその場でしか、彼にしか撮れない画を撮ってくるイメージ。テンポも良くて、役者さんの持つポテンシャルを最大限に伝えてくださるというか。

貴島　生のものを切り取る力が、瑠東監督のすごいところだと思います。

徳尾　山本監督は、画で語ることがすごく巧みな方だなと思います。たとえば5話の、ちずと春田の海辺のシーンが僕はすごく好きで。セリフを言った時のちずの顔だけじゃなく、そのあとの後ろ姿で何かを語ってくるというか…。

貴島　5話に出てきた歯ブラシの演出も、私は好きです！　Ｙｕｋｉ監督は、3話の尾行がバレそうになるシーンや、6話の「打倒・牧凌太」メールのシーンでの、ＰＶ風の撮り方がとっても魅力的。6話のラストでは「難しいシーンだけど、なんとか失敗しないで一気に撮ろう」ってスタッフを鼓舞してくださって、男気を感じました。みんな熱い方です…！

徳尾　熱いんですよ。ほんとスタッフがみんな熱い。

貴島　各セクションのプロフェッショナルな仕事ぶりに日々感服で。メイクさんの寝癖作りや、撮影部・照明部こだわりのハート型の光とか。5話の春田と牧の買い物デートで、美術さんが急にメロンソーダを用意してきたり。

徳尾　いいよね、メロンソーダ。

貴島　「春田の虎の巻」の内容も、脚本には詳しく書いていないんです。中身もほぼ映らないのに5ページくらいびっしり助監督さんが作ってくださって。「誰？　あのへたっぴな虎書いたの！（笑）」って現場で爆笑しました。たとえ画面に映らない部分でも絶対に手を抜かないし、私に「ほら見て」ってアピールもしてこない。そんなスタッフのみんなが、本当にカッコいいです！

徳尾　すっごい意味を考えてくれて、スタッフさんたちの愛がめっちゃすごい。

貴島　やっぱりその愛を見つけるとキャストのみんなもテンションあがって、それをシーンに活かそうとするし。それぞれの仕事ぶりに、お互いが激励されて、そんなセッションが積み上がっていった結果だと思います。

徳尾　キャストもそうだけど、なんなんでしょうね。やっぱり貴島さん怖いんだと思いますよ（笑）。

貴島　えっなに、なに？　急に？

徳尾　貴島さんのもとで失敗するとみんな怒られるのが怖いから。

貴島　え!?　違うよ！　違います違います！　いつも貫禄ないってイジられてるし！

徳尾　恐怖政治って書いといてください（笑）。

貴島　情報操作！（笑）いやいや、キャスト・スタッフ・そして視聴者のみなさまの愛のおかげで育った作品だと思います。ありがとうございました！

徳尾さんと貴島さんが着用のＴシャツは田中圭さんがスタッフのために作ってくれたオリジナルのもの。

あの名シーンを生んだ脚本を一部紹介

＃2
天空不動産本社屋上で
部長と牧が対峙！ 春田は…

ぐいっと春田の腕を引き寄せる牧。

春田さんが好きです。たとえ相手が部長でも、絶

しません！」

春田「いやいやいや……うおおいっ（笑）!!」

と、律儀に突っ込む春田。

牧も、黒澤も、目がマジで笑っていない。

黒澤「（にらみ合い）……」

牧「（にらみ合い）……」

春田「いやいや、突っ込めって言ったじゃん！ ウソだろ!?」

牧と黒澤が、ゆっくりと接近する。

牧「毎日メシを作って、春田さんの胃袋を支えてるのは俺です」

黒澤「え!?」

牧「俺、今一緒に住んでますから」

黒澤「（春田に）同棲!?」

春田「いや、ルームシェアです」

黒澤「（動揺し）お、俺だって10年一緒に働いてるんだ！ ぽ、

2-40

っと出の貴様に何が分かる!!」

牧「大事なのは長さより、深さだと思います」

黒澤「今のはるたんを育てたのは、この俺だ！」

春田「ちょ、ちょ、もうそのへんでやめましょう」

二人の間に入って止めようとするが、逆にヒートアップする黒澤と牧。

黒澤「じゃあはるたんの良いところ、10個言えるか？」

牧「春田さんの悪いところ、10個言えますか？」

黒澤「（一瞬ひるむ）い、言えるとも！ えっと……かわいすぎる！ 存在が罪！ ピュア！……かわいすぎる！」

牧「（早口で）優柔不断、朝が不機嫌、服脱ぎっぱなし、好き嫌い多い、靴揃えない、皿洗いしない、ちょっとそれ一口頂戴って言う、改札で引っ掛かる、方向音痴、寝てないアピール！」

春田「そんなにか……」

牧は黒澤に掴みかかる。

牧「おっさんにもなって、春田さんが迷惑してんのが分かん

2-41

＃4
部長、春田の断りの
言葉を聞きたくなくて、
高速パタパタ！

黒澤「わーーー、聞こえない聞こえない、わーーっ!!」

黒澤は、両手で耳を塞いだりやめたり、高速でパタパタする。

春田「……」

黒澤、やがて、高速パタパタをやめる。

その瞬間、

春田「ごめんなさい！」

黒澤「あーーーーーっ!!!!!」

膝から崩れ落ちる黒澤。

黒澤「（小声で）聞いちゃった……ごめんなさい聞いちゃった……」

春田「部長……（支えようとして）」

黒澤「（力なく払いのける）……」

正座してうつむき、落ち込んでいる黒澤。

黒澤「なんで……待ってって言ったのに……」

春田「ごめんなさい」

黒澤「なんで……」

4-44

春田「……」

黒澤「蝶子か。蝶子に何かされたのか」

春田「違います」

黒澤「……ダメなのは、上司だから？……それとも、男だから？」

春田「僕は部長のこと、上司としてとても尊敬しています。僕らを強いリーダーシップで引っ張ってくれて、失敗したら全力で守ってくれて、理想の上司だと本気で思ってます」

黒澤「じゃあ……じゃあ……」

ほろほろと泣き始める黒澤。

春田「でも、それは恋愛感情じゃないんです。僕は今までみたいに、純粋な上司と部下の関係に戻りたいんです」

泣いている黒澤。

春田「……でも、こんな俺を好きになってくれて、ありがとうございます」

涙をぬぐいながら立ちあがる黒澤。

4-45

＃7
最終回ラストシーン、
春田と牧の…

と、腕を組み歩いていく二人。

春田N「こうして、それぞれの新しい恋が始まっていった」

45 春田の自宅・リビング（日替わり・日中）

テーブルの上にパスポートや、酔い止めの薬などを用意している牧。

その傍らで、パンパンになったスーツケースの上に乗って無理やり閉めようとしている春田。

牧「パスポート置いときますね、あとは薬とかはケースにまとめて入れとくんで……聞いてます？」

春田が尻で勢いよく蓋を踏もうとして滑り、パイーン！ と開いて中身が飛び出す。

春田「ったくなんだよ、これ!! 全然入んねえじゃん!!」

牧「いやいや、雑な入れ方するからですよ」

春田「じゃあ入れてみろよ、絶対入らねえから！」

7-52

牧「いやマジ、頭使って」

春田「頭使えとかお前、それ誰に向かって言ってんだよ！」

牧「もうイライラしない、一個ずつ、端っこから入れていく！」

春田「やんね。もう、俺、やんね！」

牧「おい、クソガキ!!」

と、服の入った袋を投げ付ける牧。

春田「なにすんだよお前!!」

もみあっているうちに、牧、春田を押し倒して、馬乗り状態になり。

春田「……」

牧「……」

春田「……な、なんだよ」

牧「俺……もう我慢しないって決めたんで」

春田「はぁ？」

牧、そのままキスをする。

春田「！」

7-53

思わず、引き離す春田。

春田「ちょ！ ちょ、おま、止めろって……！」

牧「（溜め息）……」

春田「……な、わけねえだろ」

と春田は反転して、牧に覆い被さり、キスする寸前でブラックアウト。

おわりだお

7-54

＼「おっさんずラブ」と「pixiv」がコラボ！／

おっさんずラブ♥イラスト募集企画

第１弾・優秀賞　nanaさん

第１弾・優秀賞　SAIしか使えないさん

第１弾・優秀賞　緑熊さん

内田理央 賞
天地さん

〈内田理央さんの選考理由〉ピンクの背景もかわいいし、何と言っても…この構図が見たかった！ ３人がかわい〜。みんなの特徴がよく捉えられていますよね。特に、牧の表情！この余裕感、エロいです（笑）。

林遣都 賞
おさつさん

〈林遣都さんの選考理由〉“一緒に天体観測できたらいいね”と、心から２人を応援してくださる気持ちを感じて、すごくうれしかったです。

第２弾・優秀賞
アキツさん

第１弾・優秀賞　水無月ソラさん

第２弾・優秀賞
あけち旅太郎さん

第１弾・優秀賞　りゅさん

第２弾・優秀賞　いもごろりさん

第３弾・優秀賞　NYAKKUNN さん

第３弾・優秀賞　篤人さん

田中圭 賞
はるまちさん

〈田中圭さんの選考理由〉すごく温かくて、可愛らしい絵！ キャラクター全員に赤い糸があって、“みんな誰かとつながっている”というメッセージが伝わってくる。しかも、誰と誰がつながっているかわからない状態なのがまた、素敵だなって思いました。

吉田鋼太郎 賞
ポン太さん

〈吉田鋼太郎さんの選考理由〉実は僕、お弁当のシーンがとても好きなんですよ。イラストの中で黒澤が錦糸をつまむ１コマの描写がとても細かくて深いし（笑）、ピンクを基調とした絵が「おっさんずラブ」の世界を的確に表現しているので、惹かれました。

第３弾・優秀賞
結木ゆうさん

第３弾・優秀賞　もえこさん

第２弾・優秀賞
かわいはるさん

第３弾・優秀賞　saku さん

第３弾・優秀賞　ところてんさん

ありがとう、おっさんずラブ

公式 Twitter などでも紹介された、キャストのみなさんのクランクアップ時の言葉を再録。

言いたいことが多すぎて…。
すごく、すごく幸せな環境でお芝居をさせていただいているな、と
毎日感謝しながら過ごすことができました。本当に幸せな時間でした。
「何かもう一歩踏み込んだ作品をやりたいな」
と感じていた矢先にこの作品と出会い、
「ここで自分がやりたいものをやれたらいいな」
という思いで撮影に入りました。
最初のほうは不安もあったんですけど、
信頼できるキャストやスタッフの皆さんと現場を重ねていくうちに、
「どうにかなるんじゃないか」と。
第１話を見て、それは確信に変わりました。
今振り返ると撮影はあっという間でしたけど、
みんなでよりよいものを目指しているんだなって、強く感じる日々でした。
みんなのことが好きすぎて、みんなが優秀すぎて…！
こんな現場に本当に感謝しかありません。
みんな大好きです！

田中 圭さん

ヒロイン役ということで最初は、非常に責任重大だと思いました。
僕が何か間違った演技をしてしまうと、
とんでもなく変なドラマになる可能性があるな、と感じたからです。
でも実際に撮影がはじまったら、圭を愛していれば問題ない、と気付いた。
家で考えてきた演技プランも、この現場に来るとほぼ通用せず、
ただただ圭に引き出してもらった芝居をずっとやっていたような気がします。
圭を愛し続けた現場でした。

吉田鋼太郎さん

この撮影チームの雰囲気が大好きで、
こういう経験はこの先もなかなかない
だろうなって思いました。
圭くんと出会えて本当によかった。
圭くんと二人で、
こういう難しい話だからこそ、
休みの日もなるべく
一緒に過ごすようにしました。
だからこそ、役にちゃんと
気持ちを入れることができました。
感謝、感謝…本当に感謝しています。

林 遣都さん

やば〜い…超泣きそう〜。
本当にお芝居って楽しいんだって
思えた現場でした。
ありがとうございます。

内田理央さん

こんなキュンキュンしたこと、
なかったかもしれない…ほんとに！
蝶子でいられてホントに幸せでした。
ありがとうございました。
寂しい〜！

大塚寧々さん

本当にカッコいい先輩方の元で
一緒にお芝居できて、
すごくうれしかったです。
キャストのみなさんも
スタッフのみなさんも
すごく優しくしてくださって…
ありがとうございました。
これからも成長した姿を
見せられるように頑張ります！

金子大地さん

あっという間でした。
お祭りが終わるみたいで、
めちゃくちゃ寂しいです。
足ドンはきっと一生やることないと
思いますけど（笑）、また続編とか…
やれたらいいなと思います。
本当にありがとうございました。

眞島秀和さん

ストレスなく、撮影の日々を
過ごすことができました。
楽しくやらせていただきました。

伊藤修子さん

（キャスト、スタッフからの
「お疲れさまでしたぁ、
オオシマさーん！」コールに）
児嶋だよ（笑）！
ありがとうございました！

児嶋一哉さん

THANK YOU！ OSSAN'S LOVE.

土曜ナイトドラマ「おっさんずラブ」

キャスト

田中 圭
林 遣都
内田理央
金子大地
伊藤修子
児嶋一哉
眞島秀和
大塚寧々
吉田鋼太郎

スタッフ

脚本…徳尾浩司

音楽…河野 伸

撮影…髙野 学
Ｂカメ…磯貝喜作
撮影助手…宮崎絢菜・早川裕樹
ＶＥ…古川 明
照明…坂本 心
照明助手…蔵重 亮・吉田真矢・柴田侑季
音声…田村智昭
音声助手…尾上啓太・大田 希
技術営業…飯田次郎

美術プロデューサー …丸山信太郎
デザイン…加藤周一
美術進行…野末晃子
装飾…安部俊彦・坂東一城
持道具…鈴木麻美子
衣裳…佐久間美緒・梶原夏帆
ヘアメイク…花村枝美・大槻史菜
大道具…伊藤浩樹
フードコーディネーター…赤沼文実子

編集…神崎亜耶
ＥＥＤ…石井康裕
選曲…岩下康洋
音響効果…土井隆昌
ＭＡ…河野弘貴・兒玉邦宏

スケジュール…三木 茂
演出補…松下敏也・塚田芽来・山口智誠・中口実咲
制作担当…中村 哲
制作主任…猪 怜美・久松壮太・大川裕紀
制作進行…山口達也
制作応援…森本大介・鈴木正雄
プロデューサー補…久保田育美・小田 彩
記録…本図木綿子・増田ゆみ
スチール…桂 修平
制作デスク…宇留間恵里
ＰＲディレクター…佐藤恵梨子

編成…池田邦晃・柿原貴興
宣伝…吉原智美・村上理絵
ＳＮＳ担当…江藤利奈
コンテンツビジネス…今川朋美・宮島花名
ホームページ…メディアプレックス
音楽協力…テレビ朝日ミュージック

主題歌…スキマスイッチ「Revival」
（AUGUSTA RECORDS/UNIVERSAL MUSIC LLC）

取材協力…OPEN HOUSE
協力…ビデオフォーカス　テレビ朝日クリエイト
ロケット　サウンドライズ　ビーグル
pinpoon　FILM
車輛…高橋商事　TAKA

エグゼクティブプロデューサー…桑田 潔
ゼネラルプロデューサー…三輪祐見子
プロデューサー…貴島彩理・神馬由季・松野千鶴子
演出…瑠東東一郎・山本大輔・Yuki Saito

制作協力…アズバーズ
制作著作…テレビ朝日

天空不動産
Tenku Real Estate Co.,Ltd.

＼待望の番組公式グッズ発売中だお♪／

今後、この他にも続々と発売するので、楽しみに待っていてほしいお！

■クリアファイル
—天空不動産—

価格：350 円（税抜）
サイズ：A 4 サイズ

■アクリルキーホルダー
虎の巻

価格：650 円（税抜）
サイズ：虎プレート…約70mm×70mm以内／文字プレート…約50mm×50mm以内

■ポストカードセット

価格：600 円（税抜）
サイズ：約 100mm × 148mm

■武蔵の愛妻弁当ミニマルチクロス

価格：700 円（税抜）
サイズ：約 200mm × 200mm

販売： テレアサショップ ONLINE ／テレアサショップ各店舗（六本木店、東京駅店）、ツリービレッジ
※商品、時期により、売り切れになる可能性がございます。

「おっさんずラブ」DVD・Blu-ray

ある日、僕は部長に告白された。
主演・田中圭×ヒロイン・吉田鋼太郎×ライバル・林遣都
2018 年“愛のカタチ”を改めて問う。笑って泣ける、
おっさん同士の究極のピュアラブストーリー開幕！

豪華キャストが熱演でお贈りする、
抱腹絶倒の胸キュン・ラブコメディー！
「おっさんずラブ」DVD・Blu-ray 発売決定！！！
セル BOX には特典ディスク付き！
未 DVD 化だった伝説の 2016 年のスペシャルドラマ版
「おっさんずラブ 2016」や、
放送時大反響だった「副音声」を収録！！
その他豪華特典映像を収録予定。

発売日：2018 年 10 月 5 日（金）
価　格：Blu-ray 21,600円＋税（5 枚組）／ DVD 17,100円＋税（5 枚組）
発売元：テレビ朝日
販売元：TC エンタテインメント

土曜《どよう》ナイトドラマ
「おっさんずラブ」公式《こうしき》ブック

2018年8月5日　第1刷発行

監　修　株式会社《かぶしきがいしゃ》 テレビ朝日《あさひ》
発行者　鳥山 靖
発行所　株式会社 文藝春秋
〒102-8008 東京都千代田区紀尾井町 3-23
電話　03-3265-1211
印刷・製本　光邦

ISBN978-4-16-390880-9

カバー写真：八木斗希雄
本文写真（インタビュー、取材）：鈴木七絵
イラスト（間取り）：上楽 藍
デザイン：野中深雪

#Forever ...

君に会えてよかった。

OSSAN'S LOVE OFFICIAL BOOK